| 职业教育电子商务专业 系列教材 |

新媒体文案编辑与发布

主　编／庄标英

副主编／贺　欣　骆愫颖

参　编／（排名不分先后）

　　　　钟能奕　陈丽丽　刘秋丹　欧金秀

重庆大学出版社

内容提要

　　本书在编写过程中，始终贯彻党的二十大精神，切实推进习近平新时代中国特色社会主义思想的学习，将学生情感、态度、价值观塑造与课程内容有机融合，通过课程思政，促进立德树人。书中各项目主要设置项目导入、项目目标、任务描述、知识储备、任务分析、任务实施、同步实训、项目考核等，突出了系统化知识的提炼与总结，强调了实践能力的培养。

　　本书可用作职业院校电子商务专业、市场营销专业等商贸相关专业的教材，也可作为企事业单位文案岗位相关人员的参考用书或文案爱好人士的休闲读物。

图书在版编目（CIP）数据

新媒体文案编辑与发布 / 庄标英主编. -- 重庆：

重庆大学出版社, 2024.7. -- (职业教育电子商务专

业系列教材). -- ISBN 978-7-5689-4531-8

Ⅰ. G206.2

中国国家版本馆CIP数据核字第2024WU1750号

职业教育电子商务专业系列教材
新媒体文案编辑与发布
XIN MEITI WEN'AN BIANJI YU FABU

主　编　庄标英

副主编　贺　欣　骆愫颖

策划编辑：王海琼

责任编辑：张红梅　　版式设计：王海琼

责任校对：关德强　　责任印制：赵　晟

*

重庆大学出版社出版发行

出版人：陈晓阳

社址：重庆市沙坪坝区大学城西路21号

邮编：401331

电话：（023）88617190　88617185（中小学）

传真：（023）88617186　88617166

网址：http://www.cqup.com.cn

邮箱：fxk@cqup.com.cn（营销中心）

全国新华书店经销

重庆市国丰印务有限责任公司印刷

*

开本：787mm×1092mm　　1/16　　印张：11　字数：255千

2024年7月第1版　　2024年7月第1次印刷

印数：1-3000

ISBN 978-7-5689-4531-8　定价：39.00元

编写人员名单

主　编　庄标英　中山市建斌职业技术学校

副主编　贺　欣　中山市建斌职业技术学校

　　　　骆愫颖　佛山市顺德区胡锦超职业技术学校

参　编（排名不分先后）

　　　　钟能奕　广州市海珠工艺美术职业学校

　　　　陈丽丽　佛山市华材职业技术学校

　　　　刘秋丹　深圳市博伦职业技术学校

　　　　欧金秀　佛山市顺德区勒流职业技术学校

F前 言
oreword

随着内容营销时代的到来，文案岗位在市场中占据越来越重要的地位，社会对文案人才的需求急速增长，因此，文案人才的培养至关重要。在此背景下，本书应运而生。

本书根据中职学生特点和文案岗位人才培养基本要求，从岗位要求及工作流程出发，提炼文案典型工作任务并将其转化成学习任务，为读者全面介绍新媒体文案编辑与发布的知识和技能，为今后从事文案工作打下扎实的基础。

本书以文案岗位工作过程为导向，采用项目任务式编写结构，按文案岗位的工作流程展开，内容主要涉及文案岗位认知、电商文案、微信文案、微博文案、短视频文案、直播文案六个方面。

本书遵循中职学生的认知规律，以行动导向教学模式为主导，在各项目中设置项目导入、项目目标、任务描述、知识储备、任务分析、任务实施、同步实训、项目考核等板块，突出系统化知识的提炼与总结，强调实践能力的培养。

下面以项目五为例介绍本书的框架结构。

【项目导入】引入本项目要完成的一个大的工作任务，思考该项目任务可以分为哪几个小任务。

【项目目标】三维目标。

任务一　短视频内容策划

【任务描述】描述本任务要完成的内容。

【知识储备】

知识点：为了完成任务描述的内容，需要掌握哪些知识。

小试身手：每个知识点学习完成后有一个小练笔，旨在将理论与实践相结合。

素养提升：为知识点挖掘课程思政元素，并将两者有机融合。

【任务分析】要完成任务描述中的任务，首先要分析需解决哪些问题，为任务实施做准备。

【任务实施】根据前面的问题按顺序完成工作任务。

【同步实训】设置同类的实训。

【项目考核】考查本项目的知识掌握情况。

本书主要特色如下：

1.融入思政，立德树人。

本书在编写过程中，始终贯彻党的二十大精神，切实推进习近平新时代中国特色社会主义思想的学习，将学生情感、态度、价值观塑造与课程内容有机融合，通过课程思政，促进立德树人。本书力图通过对文案岗位工作流程的介绍，讲好中国故事，站稳中国立场，展现可信、可爱、可敬的中国形象，同时弘扬劳动光荣、精益求精的工匠精神和职业道德；通过剪纸、刺绣案例的介绍，宣扬中华优秀传统文化，增强文化自信，增强民族自豪感，厚植爱国情怀；通过广告法等的介绍，弘扬社会主义法治精神，强化法治意识等。本书还融入了"绿色发展""高质量发展""乡村振兴的责任担当"等内容，与时俱进。

2. 工学结合，结构合理。

本书依照文案岗位工作流程，由浅入深地介绍相关工作任务，任务中均设置小试身手和同步实训，加深对知识的理解。

3. 案例丰富，学以致用。

本书每个项目都由案例引入，每个任务穿插有新颖、真实、典型的案例，有较强的可读性和参考性，有助于快速理解和掌握文案工作任务。

本书可用作职业院校电子商务专业、市场营销专业等商贸相关专业的教材，也可作为企事业单位文案岗位相关人员的参考用书或文案爱好人士的休闲读物。

本书框架由庄标英设计完成，庄标英担任主编，贺、骆愫颖担任副主编。其中项目一由陈丽丽完成；项目二由贺欣完成；项目三由钟能奕完成；项目四由刘秋丹、欧金秀完成；项目五由庄标英完成；项目六由骆愫颖完成。全书由庄标英统稿。

本书在编写过程中，中山市柒玥文化传媒有限公司、中山市正凡传媒有限公司为本书的编写思路和框架提出了宝贵的意见，并提供了部分案例的图片素材，在此对诸位的热情参与和帮助表示衷心的感谢！

本书力求严谨细致，但由于编者水平有限，书中难免存在疏漏与不妥之处，恳请广大读者提出宝贵意见或建议。

编　者

2023 年 4 月

目录
Contents

项目五　短视频文案

项目六　直播文案

项目一

文案岗位认知 ·······································□

项目导入 🛒

李明刚到文案策划部实习，文案策划部主管王华让李明先熟悉文案岗位的相关要求和工作流程，然后为一加旅游店策划一则游记，增加账号浏览量。文案工作任务单如下。

文案工作任务单

任务发布人	王 华	接收时间	
		交稿时间	
文案名称	旅游景点的笔记		
文案展示平台	淘宝□	微信□	微博□
	抖音□	小红书☑	QQ □
	知乎□	B站□	今日头条□
	其他：		
提供资料	店铺信息： 一加旅游店是一家专注于做云贵线、川陕线、川藏线、港澳线等国内团体游的连锁门店。一加旅游店从2022年1月开始经营小红书账号，吸引了不少粉丝关注，为门店带来了客流量		
文案要求	1. 针对18~22岁的女大学生群体。 2. 撰写一则介绍国内暑期出游必玩景点的笔记，要求主推门店"3人出游免1人费用"的团购套餐（价值8888元，包住宿、交通，用餐自理，含导游服务），不少于3个景点，且图文并茂，内容翔实，有较强的吸引力		
自我检查	确认签名：		
组长意见	确认签名：		
部门验收人	确认签名：		

项目目标 🛒

➤ **素质目标**

1.通过著作权法、广告法等的学习，增强学生的法治意识，弘扬社会主义法治精神。

2.引导学生培养职业生涯规划意识，树立正确的职业价值观。

➤ **知识目标**

1.了解文案的概念。

2.了解文案策划的岗位要求。

➤ **能力目标**

1.能够初步理解文案岗位的职责。

2.能够根据文案写作流程进行简单的文案创作。

任务一   NO.1

文案岗位要求

任务描述 🛒

在文案策划部主管王华的指导下，李明先熟悉公司文案策划岗位的工作要求，了解小红书平台文案的特点。

知识储备 🛒

一、文案定义

文案来源于广告行业，是广告文案的简称，文案是广告的载体。

文案具有营销性质，好的文案应满足三个特点：第一，容易传播；第二，容易记忆；第三，体现品牌或产品卖点。例如，拼多多的广告语，"拼着买　更便宜"，朗朗上口的话术易于传播与记忆，同时展现了拼多多性价比高、物美价廉的品牌卖点，如图1.1.1所示。再比如，"钻石恒久远，一颗永流传"（见图1.1.2）。这句广告语巧妙地运用了钻石的恒久性和爱情的永恒性进行关联，深入人心。

图1.1.1　拼多多广告语

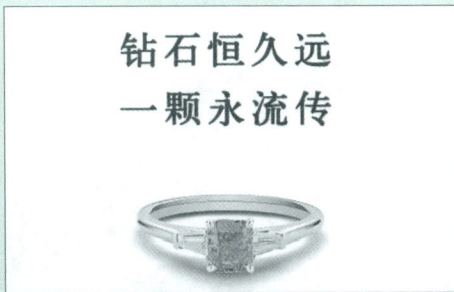

图1.1.2　钻石广告语

二、文案的类型

按渠道来分，文案可分为传统文案与新媒体文案。传统文案主要是指通过报纸、杂志、户外广告、电视广告等渠道展示的文案，这类文案更注重从企业角度引导消费者认识产品。新媒体文案主要是指通过电商、微博、微信、小红书等新渠道展示的文案，这类文案则更注重从消费者角度展示产品。

按平台来分，文案可分为电商文案、微信文案、微博文案、短视频文案和直播文案等，具体如下。

1.电商文案

电商文案主要是指京东、淘宝、拼多多等电商平台上的文案，包括促销文案、海报文案、主图文案、详情页文案和店铺首页文案等，如图1.1.3—图1.1.7所示。

图1.1.3　促销文案

图1.1.4　海报文案

图1.1.5　主图文案

图1.1.6　详情页文案

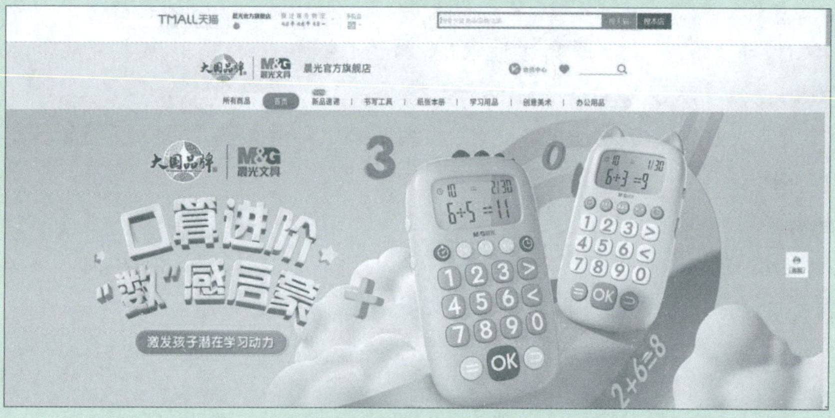

图1.1.7　店铺首页文案

2.微信文案

微信文案是指发布在微信平台的文案,包括微信朋友圈文案、微信公众号文案和H5推广文案,如图1.1.8—图1.1.10所示。其中,微信公众号文案较为复杂,具体还包括微信公众号名称、个性签名、自动回复、文章标题和文案内容等。

图1.1.8　微信朋友圈文案

图1.1.9　微信公众号文案

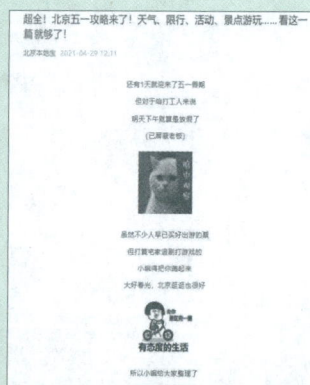

图1.1.10　H5推广文案

3.微博文案

微博文案是指发布在新浪微博这一平台上的文案,包括短微博文案、头条文章文案、微博话题文案,如图1.1.11所示。

图1.1.11 微博文案

4.短视频文案

短视频文案包括短视频封面文案、短视频内容文案和短视频脚本等,如图1.1.12、图1.1.13所示。

图1.1.12 短视频封面文案

镜号	机位	拍摄手法	景别	画面内容	对白	音乐	时长
1	正前方	固定	全景	模特站在草地上，右手拿水瓶，左手拿草帽，侧着头迎着风望向远方	无	有	1秒24帧
2	正前方	平移	近景	模特双手拿水瓶，侧着头迎着风望向远方	无	有	1秒11帧
3	正前方	升	近景	模特靠着围栏，右手拿草帽放在脸上，仰着头，享受微风，在脸上移动帽子	无	有	4秒

图1.1.13　短视频拍摄脚本

5.直播文案

直播文案包括直播预告文案（图1.1.14）、直播主题、直播脚本等。直播脚本可根据直播环节具体分为直播开场话术、产品讲解话术、互动话术、福利话术和结尾话术。

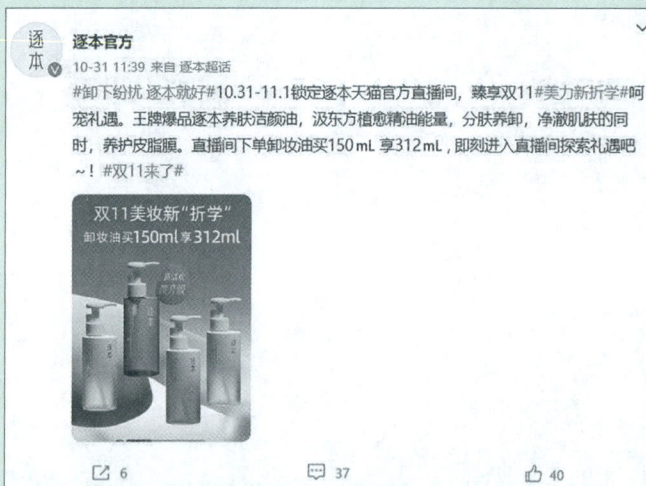

图1.1.14　直播预告文案

小试身手

请在淘宝、京东、微信、微博、抖音等平台上找出以下文案类型的具体内容。

文案类型	具体内容
电商文案	

微信文案	
微博文案	
短视频文案	
直播文案	

三、文案岗位认识

看准网、猎聘网等招聘网站数据显示，近年来，文案岗位招聘需求增速放缓，但招聘需求量仍然较大。受直播行业和短视频行业蓬勃发展的影响，市场更倾向于招募短视频内容文案、直播文案等新兴媒体运营写手。

1.文案岗位分类

按工作内容分，文案岗位可分为电商文案、微信文案、微博文案、短视频文案和直播文案等。按工作岗位分，文案岗位可分为初级文案、中级文案、高级文案和资深文案。

2.文案工作基本要求

文案工作一般要求具备写作能力、营销能力和创意能力。

（1）写作能力。文案功底过硬，能熟练驾驭多种文风。

（2）营销能力。能完成传播思路和品牌观点的发掘，能独立完成项目、广告等推广文案撰写。

（3）创意能力。能结合时事热点、品牌特性或产品卖点，写出具有可传播性的文案。

微课：认识
文案岗位

3.文案职业素养

作为一名文案人员，一般要求具备沟通协作、积极抗压和创新幽默等职业素养。

（1）沟通协作。文案不是孤军奋战的岗位，常常需要与视觉设计部门、市场营销部门等通力协作，共同完成品牌、产品的营销写作。

（2）积极抗压。文案的工作日常通常是不断被否定，再从否定中不断推陈出新，因而要求从业者有较强的抗打击能力，能积极应对工作中的逆境。只有保持积极向上的工作心态，才能写出有温度、有感情、有力量的文案。

（3）创新幽默。能清晰地进行品牌、产品传达，才可称得上一名合格的文案人员。但若要成为优秀的文案人员，还应该懂得关注热点，具备创新、风趣幽默、感知力强等职业素养。

4.文案的职业发展路径

文案可从纵、横两个方向进行职业发展。一是纵向专业发展，发展路径为初级文案、中级文案、高级文案、资深文案。二是横向项目发展，发展路径为文案策划、市场运营、AE、项目经理。前者可理解为在文案这一专业上越走越深，成为一名卓越的文案写手，后者则可通俗地理解为"官越做越大"，但要求具备的能力不限于文案，还要求知道项目内部各个岗位的职责，具备组织管理能力、沟通协调能力等，能全盘推进项目进程。

任务分析 🛒

通过"知识储备"的学习，文案小组对文案写作任务进行了任务分析、讨论，主要涉及以下两个问题：

1.小红书平台文案的特点。

2.小红书平台用户的特点。

任务实施 🛒

通过任务的分析和讨论，按以下步骤完成任务。

步骤一：查找小红书平台文案的特点。

小红书是以"种草"为特色的平台，其内容以图文笔记、短视频为主，是一个以素人创作者为主的笔记和视频分享社区，强调真实体验和经历分享，内容具有高颜值、精致的特征。

步骤二：查找小红书平台的用户特点。

千瓜数据发布的《2024「活跃用户」研究报告（小红书平台）》显示，小红书的用户以女性为主，是一个高黏性、高互动性的年轻女性社交平台。

小红书用户具有以下几个显著特点：

（1）小红书年轻女性用户占比较高，约为79.13%，男性用户约为20.87%，35岁以下主流人群占比高达77.86%。

（2）内容创作以"种草"为主。小红书的创作者以素人、KOC（关键意见领袖）、UGC（用户原创内容）为主，他们将自身真实的体验通过图文笔记形式分享出来，给用户更加强烈的场景代入感。

（3）内容形式以高颜值、精致为主。借助高颜值、有质感的平台调性，在滤镜场景下驱动年轻女性"种草"。

同步实训 🛒

请搜索了解哔哩哔哩（俗称"B站"）的使用人群和文案特点。

NO.2

任务二

文案岗位工作流程

任务描述 🛒

上一任务中，李明了解了小红书平台的用户和文案特点，他现在开始梳理文案写作流程，并根据任务要求进行旅游笔记创作。

知识储备 🛒

文案写作大致可以分为明确写作目的、准备文案写作、写作文案内容和确定文案版式并排版四个环节。

一、明确写作目的

首先，了解客户需求，厘清文案写作的目的。了解投放渠道，明确是采用微信渠道投放、抖音渠道投放还是其他渠道投放。了解营销目的，弄清写作目的是宣传品牌、促销产品还是吸引人气。

二、准备文案写作

在正式开始写作前，需要做好自身卖点分析、竞争对手分析、目标人群分析、差异化分析、时事热点分析、确定主题、收集素材七个准备工作。

1.自身卖点分析

根据FABE利益销售法,深入挖掘产品卖点。FABE利益销售法是一种非常典型的利益推销法,它从客户视角出发,通过四个环节的关键描述着重解决用户最关心的问题,进而实现产品销售。下面以比亚迪2022款宋Pro DM-i新能源电动车汽车(图1.2.1)为例详细展开。

图1.2.1　比亚迪2022款宋Pro DM-i新能源电动车汽车

F　Features,代表特征,主要是指产品的特质、特性等基本功能,可以从产品能够解决什么问题出发去挖掘产品具备的功能特性。

如比亚迪2022款宋Pro DM-i新能源电动车汽车,具有加速快、省油、传动效率高等功能特征。

A　Advantages,代表优点,主要是指产品相较于其他同类产品而言所具备的优势,可以理解为比较优势。

如比亚迪2022款宋Pro DM-i新能源电动汽车,相较于传统油车而言,具有节能环保、噪声小、行驶平顺无顿挫等突出优势。

B　Benefits,代表利益,主要是指产品带给用户的好处和利益点,强调用户可以得到的好处,进而激发用户的购买欲望。

如比亚迪2022款宋Pro DM-i新能源电动车汽车,具有绿牌车免购置税、首付低至15%,可做24期免息贷款、六年保修等购车立享优惠。

E　Evidence,代表证据,主要是指新闻报道、用户反馈、权威认证、技术报告等,通过相关证据,证明刚刚所介绍的特征、优点和利益都具备真实性、客观性和权威性,从而增强用户购买的信心。

比亚迪连续多年获年度电动汽车销量品牌榜第一名,曾获"扎耶德未来能源奖""联合国能源特别奖"以及《财富》杂志"改变世界的公司"等系列赞誉,是全球唯一同时掌握电池、电机、电控及芯片等全产业链核心技术的新能源车企。

微课:FABE利益销售法

当然,除FABE利益销售法外,还有诸如产品画布法等产品卖点挖掘方法。

📎 小试身手

请阅读所给素材,完成下列产品的FABE利益销售法分析。

产品	FABE	具体内容
西　梅	F：特征	
	A：优点	
	B：利益	
	E：证据	

2.竞争对手分析

收集竞争对手信息,对品牌、产品、定价、渠道等信息做好记录。在收集竞争对手信息时,应注意真实性、全面性和时效性三点。

第一,注意甄别信息的真实性。尽量掌握一手信息,如品牌官网、品牌官方旗舰店等,但一手信息的收集需要大量的人力、物力与时间,此时二手信息较为高效,但在使用二手信息时,建议选择从公信力强的渠道发布的信息,以确保信息真实可靠。

第二,注意信息收集的全面性。应做到以下三个全面:全面调查主要竞争对手情况、全面调查竞争对手品牌产品信息、全面调查竞争对手营销信息。

第三,注意信息收集的时效性。在收集品牌信息时,时效性尤为重要。显然,过时的竞品情况对当下的情形并无显著的参考价值,应尽量选择近一年内的竞品情况。

3.目标人群分析

根据产品目标人群,对目标人群的地域、年龄、性别、兴趣偏好等标签做深入分析。对目标人群的分析可从基础属性或行为属性维度出发。

第一,从基础属性维度分析,即对目标人群的地域、年龄、性别、职业、学历、兴趣偏好等基本信息做深入分析。不同年龄层、不同性别、不同兴趣偏好的人群差别极大。以口红品牌为例,18~25岁的大学生群体更偏好MAC、玫珂菲等轻一线时尚美妆品牌,且对新鲜事物的接受能力较强;30岁以上的职场女性则更偏好DIOR、纪梵希等国际一线大牌,更加追求品质。

第二,从行为属性维度分析,即依据用户生命周期与价值理论,按用户对该产品的使用行为进行划分,可分为潜在客户、新客户、老客户、沉默客户或流失客户等。对于不同行为属性的用户,在营销对策上截然不同。比如,潜在客户,即从来没有使用过该产品但存在购买意向的客户,一般为竞争对手的客户,他们往往是转化可能性比较高的用户。对于这部分用户,可通过推荐、新客专项等手段将他们转为自己的新客户。然而,对待老客户,即对该产品使用频率较高的用户,他们往往是价值最高的顾客,那么更应该引导他们渗透到高频品类,或通过会员、等级权益、老客专享等方式维持或提高用户忠诚度。用户生命周期与价值理论模型如图1.2.2所示。

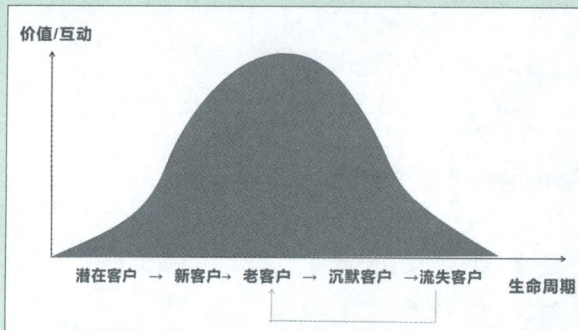

图1.2.2　用户生命周期与价值理论模型

值得注意的是,目标人群的分析一定离不开大数据,各平台都有相应的数据大盘可供参考。例如,抖音官方的巨量创意、巨量算数、抖音账号后台等;小红书平台的创作中心、主播中心等。此外,还有一些辅助的平台工具,如蝉妈妈、西瓜数据、新榜、轻抖App等,都能提供站内大盘数据,为目标人群的分析提供参考。

4.差异化分析

进行自我分析、竞争对手分析、用户人群分析后进行差异化分析。所谓差异化,即"人无我有、人有我优"。在进行差异化分析时,常使用韦恩图。我的产品所能满足的用户需求情况用绿色区域表示,用户本身的需求用橙色区域表示,竞争对手产品所能满足用户需求情况用蓝色区域表示。那么,A区域即为我的差异化,B区域为我与竞品重叠的功能点,C区域为竞品相较于我的差异点,D区域为机会点,E区域为冗余功能(图1.2.3)。

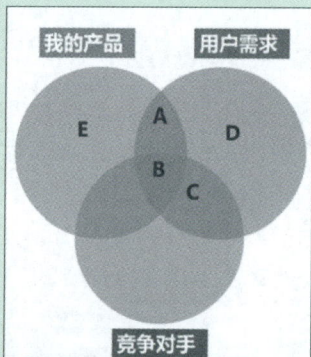

图1.2.3　差异化分析韦恩图

以火锅品牌"海底捞"为例,用户吃火锅的主要需求是吃到新鲜营养的食材、美味可口的菜品,与朋友共享愉快聚餐的氛围等,而传统的火锅品牌如小龙坎火锅等,主要从改善火锅底料、提供新鲜食材等方面,来满足客户对于味道、环境的需求,但是"海底捞"则从"卓越的服务品质"上寻求差异化,以美甲、小零食等个性化、人性化的服务著称,满足了用户的情绪价值需要。这一案例用韦恩图差异化分析如图1.2.4所示。

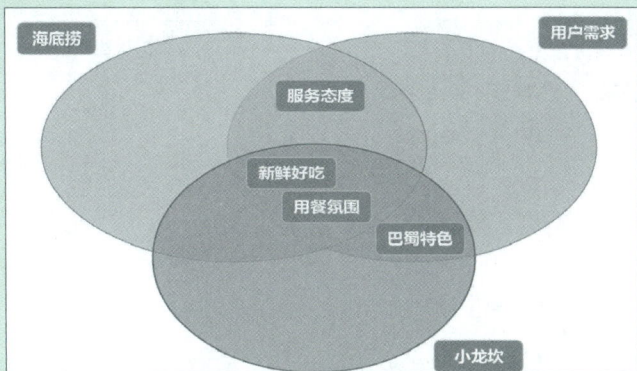

图1.2.4　火锅品牌"海底捞"品牌差异化分析韦恩图

📎 小试身手

请通过网络查阅资料,利用韦恩图差异化分析法分析茶饮品牌"元气森林"。

1.画出"元气森林"的韦恩图差异化分析图。
2.对上图作简要说明。

5.时事热点分析

利用百度指数、微博热搜榜、抖音热榜、轻抖、新抖等工具进行近期热点分析，寻找有无可"蹭"的热点。值得注意的是，并不是所有热点都值得去"蹭"，要注意规避敏感话题。同时需注意热点与品牌形象、产品特性等品牌调性是否相符，如图1.2.5和图1.2.6所示。

图1.2.5　新榜平台的小红书爆款笔记排行

图1.2.6　微博热搜榜–健康热搜

6.确定主题

利用创意思维方法如九宫格、头脑风暴、元素组合、金字塔、发散思维等,确定主题。以九宫格选题法为例,即分别列出两个九宫格,第一个九宫格列出该产品相关的标签(表1.2.1)第二个九宫格则列出目标用户相关标签(表1.2.2),以速食鸡胸肉为例。

表 1.2.1　产品相关标签

科学	饮食搭配	减肥攻略
健身知识	速食鸡胸肉	打卡
运动方法	健身知识	一、二线城市

表 1.2.2　目标用户相关标签

自律	健康	学生群体
上班族	目标对象 减肥、健身人群	减重
体态	减脂	塑形

例如,用"饮食搭配"与"学生群体"两词组合,即可得到:学生群体减肥必备饮食搭配好物。具体选题为:学生群体吃食堂也能轻松减肥,这种饮食搭配法则你必须知道。

再者,用"科学"与"上班族"两词组合,即可得到:上班族科学增肌/减重/塑形的饮食推荐。具体选题为:上班族无压力减重,科学吃肉的3种推荐。

✎ 小试身手

请利用九宫格选题法,列出"自拍杆"这一产品的文案选题九宫格。

1. 请分别画出产品九宫格与用户九宫格。

产品关键词　　　　　　　　　　　用户关键词

2. 请写出至少 3 条创意选题。

创意选题1: _____ + _____
选题:

创意选题2: _____ + _____
选题:

创意选题3: _____ + _____
选题:

7.收集素材

文案写作前的最后一项准备工作是收集素材,即通过互联网等渠道采集与文案相关的素材,并进行整理。

三、写作文案内容

写作文案内容是文案写作流程的关键步骤。

第一,头脑风暴法,即文案写作小组围坐在一起,围绕产品的特点展开天马行空的联想,想到哪些词就写下来,直到产生创意文案为止,如图1.2.7所示。

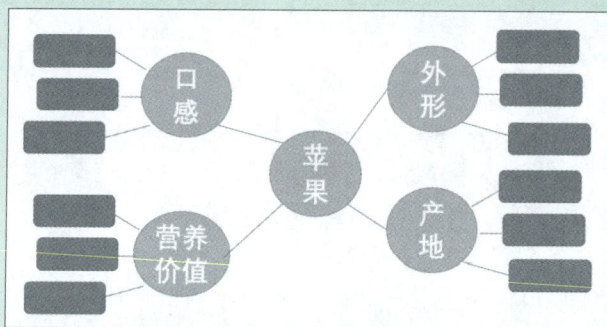

图1.2.7　头脑风暴法示意图

第二,案例参考法,即参考同行或其他行业创意文案,模仿写出自身的创意文案。

其实文案也有公式。知名的文案专家、战略营销专家小马宋曾在访谈中说到,他整理了被誉为广告界"圣经"的杂志——《广告档案》近10年的所有广告和海报创意,按产品类目不同分门别类,最终发现文案创意是有其自身规律的。例如,最常见的5W模型,即新闻稿一般包含WHO(谁)、WHEN(时间)、WHERE(在哪里)、WHAT(做什么)、WHY(为什么)。比如,一个上班族,在午后的工位上,用免洗酒精凝胶擦拭双手,以清洁双手并卫生用餐。显而易见,这是一个非常普通的创意,但如果将其中的一两个W换得特别些,就可以立刻增加创意度。如改为:午后,一个上班族,在云朵上用某某牌免洗酒精凝胶擦拭双手,以清洁双手并卫生用餐。

第三,敏感词过滤。作为一名文案人员,常用句易网的敏感词过滤功能辅助剔除敏感词。

素养提升

《中华人民共和国广告法》

《中华人民共和国广告法》是1994年中华人民共和国主席令(第三十四号)发布的文件,简称《广告法》(2021年进行了第二次修正)。《广告法》规定了广告内容准则、广告行为规范、监督管理和法律责任等问题。

广告应当真实、合法,以健康的表现形式表达广告内容,符合社会主义精神文明建设和弘扬中华民族优秀传统文化的要求。广告不得含有虚假或者引人误解的内容,不

得欺骗、误导消费者。广告主应当对广告内容的真实性负责。

广告不得有下列情形:

(一)使用或者变相使用中华人民共和国的国旗、国歌、国徽,军旗、军歌、军徽;

(二)使用或者变相使用国家机关、国家机关工作人员的名义或者形象;

(三)使用"国家级""最高级""最佳"等用语;

(四)损害国家的尊严或者利益,泄露国家秘密;

(五)妨碍社会安定,损害社会公共利益;

(六)危害人身、财产安全,泄露个人隐私;

(七)妨碍社会公共秩序或者违背社会良好风尚;

(八)含有淫秽、色情、赌博、迷信、恐怖、暴力的内容;

(九)含有民族、种族、宗教、性别歧视的内容;

(十)妨碍环境、自然资源或者文化遗产保护;

(十一)法律、行政法规规定禁止的其他情形。

此外,《广告法》还对医疗、药品、医疗器械广告,保健食品广告,农药、兽药、饲料和饲料添加剂广告,烟草广告,教育、培训广告,房地产广告等特殊行业做了特殊规定。

(资料来源:《中华人民共和国广告法》)

四、确定文案版式并排版

根据文案的投放要求,制作文案排版草稿。根据投放渠道的不同,文案排版的格式也不尽相同。图1.2.8为某家电详情页文案策划时所展示的排版示意图。在确定文案版式并排版的过程中,需要注意版式与品牌调性的契合度。所谓品牌调性,即品牌所呈现出来的气质,是消费者对其的看法和感受。如蜜雪冰城所呈现出来的是平价、亲民、实惠的品牌调性;而喜茶所呈现的则是轻奢、高冷、高品质的品牌调性,因此,在文案版式与排版上比较简约。

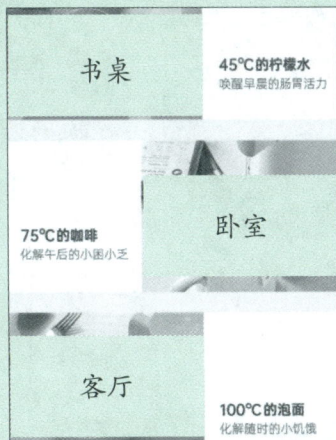

图1.2.8 某家电详情页文案排版示意图

　　文案的版式与排版不同,所呈现出来的调性也就不同。如创新类产品偏好用创意字体,以突出其推新出新、与众不同的品牌调性。因此,在确定文案版式与排版时,需考虑自身品牌与调性相配合,如图1.2.9和图1.2.10所示。

图1.2.9　喜茶品牌朋友圈海报排版示意图

图1.2.10　霸王茶姬小程序海报排版示意图

任务分析 🛒

通过"知识储备"的学习，文案小组对文案写作任务进行了任务分析、讨论，主要涉及以下几个问题：

1.了解客户需求，明确小红书笔记的目的。

2.自身产品有哪些卖点？

3.竞争对手有哪些卖点？

4.目标人群是哪些？

5.笔记的主题是什么？

6.可收集哪些素材？

任务实施 🛒

通过任务的分析和讨论，按以下步骤完成任务。

步骤一： 明确文案写作目的。

营销门店"3人出游免1人费用"的团购套餐（价值8888元，包住宿、交通，用餐自理，含导游服务），以此提高套餐销量。

步骤二： 文案写作准备工作。

序号	调研内容	记录
1	自身卖点分析	（1）3人出游免1人费用，游玩3天套餐价格仅需8888元，经济实惠，包住宿、交通，含导游服务，性价比高； （2）大品牌值得信赖，门店信用水平高，受到广大消费者的喜爱； （3）个性化定制旅游线路，可根据客户需求定制游玩路线，不仅省心，而且安心、放心
2	竞品卖点分析	市面上常见的团体游竞品，以大型团队为主，针对年轻人的个性化定制旅游线路较少
3	目标人群分析	18~24岁的女大学生，有较长的暑假假期，喜欢结伴出游，偏好精致、美好、新奇的旅游体验，也更愿意花钱、花时间去体验不一样的生活
4	时事热点分析	结合百度指数、微博热搜榜等工具，发现近期热点有电视剧《狂飙》等
5	确定笔记主题	我想出去旅游了
6	收集素材	（1）套餐信息； （2）当地特色； （3）用户评价； （4）图片、文案

步骤三： 写作文案内容。

序号	参考案例	自我创作
1	《狂飙》取景地合集	爆款推荐：跟着狂飙游江门 "狂飙风"氛围解码、侨都文化、温泉康养三天之旅。 狂飙打卡：畅游江门天然摄影棚，打卡《狂飙》取景地。 景点全面：中国侨都华侨华人博物馆、三十三墟街、赤坎古镇、康桥温泉。 纯玩尊享：私人定制轻松游，纯游玩无引导购物。 食宿安排：入住温泉酒店，体验地道美食
2	狂飙背后还有谁	新疆九月狂飙路线新鲜出炉。 去了新疆九次后熬夜整理的保姆级攻略，写给6—9月去新疆玩的朋友们！手把手教你省钱、避雷！快收藏
3	一路狂飙去贵州	贵州旅游：节约2000块的纯干货攻略。 贵州山路多，景点分布又分散，怎么玩最尽兴？3天个性化定制走完经典行程。 第一天：高铁直达，入住酒店，游甲秀楼、小吃街。 第二天：荔波小七孔、西江千户苗寨。 第三天：黄果树瀑布、青岩古镇、返程
4	来顺德狂飙一下吧	顺德旅游路线定制与美食推荐。 一天吃八顿，吃完还想吃。国内美食天花板，当数顺德独一家
5	狂飙两万步游北京	北京三天两夜徒步游。 一路向北，三天两夜游北京

步骤四： 确定文案版式并排版

选用序号1的参考案例，进行文案创意与排版，如下图所示。

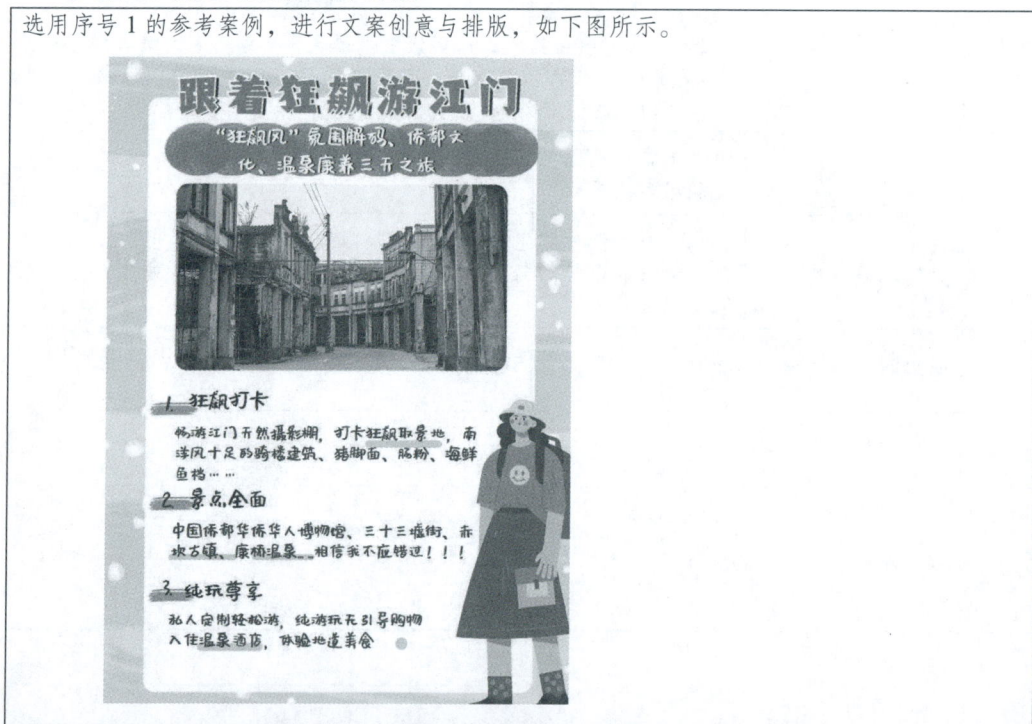

同步实训 🛒

请回忆自己印象最深刻的一次游玩经历，撰写一份小红书景点推荐笔记。

项目考核 🛒

美食推荐笔记

1.考核目的

通过对本项目的学习，基本掌握了文案写作流程，本项目考核主要巩固文案写作流程。

2.考核准备

（1）组队：以小组为单位，4~6人一组，并选出一名组长，分配好组员的工作。

（2）用具：根据文案创作需求准备。

3.考核任务

请回顾自己最喜爱的美食，可以是一道菜，也可以是一家店，撰写一则美食推荐笔记发布到小红书账号，目的是吸引粉丝，以增加关注度。请你为该美食推荐笔记进行文案创作。

4.任务步骤

（1）了解客户需求，明确文案写作的目的。

（2）产品有哪些卖点？

（3）竞争对手有哪些？

（4）竞争对手的产品有哪些卖点？

（5）竞争对手的营销情况如何？

（6）目标人群有什么特点？

（7）市场、行业及产业的基本情况如何？

（8）近期有何时事热点？

（9）进行文案写作。

（10）确定文案版式并排版。

5.任务实施

（1）了解客户需求，明确文案写作目的。

（2）产品有哪些卖点？

（3）竞争对手有哪些？

（4）竞争对手的产品有哪些卖点？

（5）竞争对手的营销情况如何？

（6）目标人群有什么特点？

（7）市场、行业及产业的基本情况如何？

（8）近期有何时事热点？

（9）进行文案写作。

（10）确定文案版式并排版。

6.考核评价

评价指标	分数	评价说明	自我评价	小组评价	教师评价
作品评价（50分）					
目标人群分析	5分	明确目标人群的喜好、主流需求			
产品卖点分析	5分	对自身产品及竞品进行卖点解析			
竞争对手分析	5分	能清楚地讲明竞争对手情况			
文案写作流程	5分	写作思路清晰明了，主题突出			
文案创意	30分	文案表意清楚，有创新性			
完成态度（30分）					
职业技能	10分	符合工作需求，能够拓展相关知识，并通过新颖独特的形式加以展示			
工作心态	10分	有信心，努力做好工作，能完成工作			
完成效率	10分	在规定时间内按质按量地完成分配的任务			
团队合作（20分）					
沟通分析	10分	主动提问，快捷有效地明确任务需求			
团队配合	10分	快速地与团队成员合作完成任务			
计分					
总分（按自我评价30%，小组评价30%，教师评价40%计算）					

项目二

电商文案 ●●●●●●●●●●●●●●●●●●●●●●●●●●●●●●●●●●●●●●

项目导入 🛒

文案策划部王华发布任务,要求为一家小家电店策划一款电饭煲的电商文案,为店铺精准引流,提高转化率,文案工作任务单如下。

文案工作任务单

任务发布人	王华	接收时间	
		交稿时间	
文案名称	电饭煲的产品上新		
文案展示平台	淘宝☑	微信□	微博□
	抖音□	小红书□	QQ□
	知乎□	B站□	今日头条□
	其他:		
提供资料	产品信息		

产品	电饭煲	容量	3 L
电饭煲功能	煮粥 煲汤 煮饭	内胆材质	铝合金
形状	圆形	售后服务	全国联保
颜色分类	米白色	电压	220 V
液晶显示	无	附加功能	保温、定时、预约、快煮
控制方式	微电脑式	加热方式	底盘加热
内胆厚度	1.5 mm	保修期	12个月

文案要求	1. 针对目标人群、产品卖点策划网店文案，涵盖 2~3 个卖点，包含产品本身与品牌展示 2. 撰写海报文案，进行产品上新推广。 3. 撰写店铺首页文案，掌握企业文化，分析消费者需求，确定品牌定位，展示品牌推广信息。 4. 撰写店铺详情页文案，了解产品信息，提炼产品卖点，引导消费者购物。 5. 撰写店铺关注运营文案，提高顾客的复购率，吸引新顾客关注和收藏
自我检查	确认签名：
组长意见	确认签名：
部门验收人	确认签名：

项目目标 🛒

➤ **素质目标**

　　1.学习尊重自然、保护生态、倡导绿色消费等案例内容，提高节能环保意识，推动绿色低碳的生活方式。

　　2.培养认真、细致、谨慎的工作态度。

➤ **知识目标**

　　1.掌握海报内容策划文案撰写方法。

　　2.掌握店铺首页内容策划文案撰写方法。

　　3.掌握微店铺详情页策划文案撰写方法。

　　4.掌握店铺关注运营策划文案撰写方法。

➤ **能力目标**

　　1.能根据产品受众目标群体，收集整理相关网店运营文案资料，策划品牌定位。

　　2.能设计店铺宣传方法，撰写店铺相关文案。

　　3.能独立完成指定店铺以及与产品相关的电商文案撰写。

NO.1

任务一

海报文案

任务描述 🛒

　　根据"项目导入"中文案策划部发出的文案工作任务单，要求撰写电饭煲的电商海报文案，文案专员李明先收集整理资料，撰写海报文案。

知识储备 🛒

　　在电商行业中,海报是商家用于活动宣传和推广的一种手段,主要用于产品介绍和品牌推广。海报的文案是指海报中的图文内容。

一、海报文案

　　海报文案主要由图片和文字组成,具有极强的视觉冲击力,有着极强的宣传性。为了抓住消费者的需求,海报文案写作可以通过产品的特点或者活动氛围,以及优惠信息来吸引消费者。海报文案要求精炼,不需要太多文字,直接将信息表达出来即可,以提高消费者的阅读量。海报文案中的主要信息包括主标题、副标题、描述信息,如图2.1.1所示。

图2.1.1　海报文案示例

二、海报文案的分类

1.店铺宣传海报文案

　　店铺宣传海报文案向消费者传递品牌理念、品牌精神和品牌个性,让消费者体会到品牌的诚意,塑造品牌在消费者心目中的良好形象,从而获得消费者的信任及认可。某店铺宣传海报文案如图2.1.2所示。

图2.1.2　某店铺宣传海报文案

绿色化、低碳化、节能化趋势明显
——推广绿色家电　助力消费升级（倾听·绿色生产生活）

　　国务院办公厅印发的《关于进一步释放消费潜力促进消费持续恢复的意见》提出，大力发展绿色家装，鼓励消费者更换或新购绿色节能家电、环保家具等家居产品。当前，随着绿色消费理念日益深入人心，作为城乡居民实物消费重要构成部分的家电消费，绿色化、低碳化、节能化趋势明显。如何推动绿色家电更好地走进千家万户？各方正在积极探索。

（资料来源：人民网－人民日报）

2.店铺活动海报

　　店铺活动海报通过分享店铺活动信息吸引消费者，刺激消费者产生购买产品的欲望，增加产品的点击率与销量。某店铺活动海报如图2.1.3所示。

图2.1.3　某店铺活动海报

3.店铺产品海报

　　店铺产品海报通过展示产品的性能特点或主要卖点，刺激消费者产生购买产品的欲望。某店铺产品海报如图2.1.4所示。

图2.1.4　某店铺产品海报

三、海报文案的写作技巧

1.品牌或店铺海报文案

店铺海报文案内容以展示品牌文化、品牌名称、品牌实力或店铺信息为主。

（1）主标题：品牌或店铺名称。

（2）副标题：品牌或店铺理念。

（3）描述信息：品牌或店铺实力，店铺信息。

店铺海报文案向受众群体传达安全、舒心、专业等感觉，文案使用主题明确的方式，描述健康、舒适的信息内容。在设计文案内容时，可以考虑产品的专业性、安全性，如图2.1.5所示。

图2.1.5　某品牌宣传海报

2.店铺活动海报文案

通过文字描述，将店铺活动主题、活动时间、活动产品特点或卖点传递给消费者，引导消费者关注收藏。某店铺活动海报如图2.1.6所示。

（1）主标题：店铺活动主题。

（2）副标题：活动产品的特点、卖点，店铺活动信息。

（3）描述信息：活动时间。

微课：海报文案的写作技巧

图2.1.6　某店铺活动海报

3.店铺产品海报文案

（1）主标题：产品名称或主题。

（2）副标题：产品名称或购买理由。

　　将产品有利于消费者的信息，以直观形式展示在海报最明显的位置，通过文字描述产品的品质、功能、形态和用途，引起消费者的共鸣，使消费者对海报上的产品产生亲切感和信任感。同时需要突出产品的品牌和产品本身最容易打动人心的部分。某店铺产品海报如图2.1.7所示。

图2.1.7　某店铺产品海报

（3）描述信息：购买理由或活动时间等信息。

小试身手

　　查看各海报的文案，请写出各海报的主标题、副标题、描述信息，试试改写海报文案。

素材位置：项目二任务一　小试身手素材2

海报	海报文案包含信息	改写海报文案
1	主标题： 副标题： 描述信息：	主标题： 副标题： 描述信息：
2	主标题： 副标题： 描述信息：	主标题： 副标题： 描述信息：
3	主标题： 副标题： 描述信息：	主标题： 副标题： 描述信息：

任务分析 🛒

学习"知识储备"后，为了完成电饭煲的海报内容策划，文案小组进行了任务分析、讨论，主要涉及以下几个问题：

1. 确定海报文案的表达目的。
2. 明确文案定位。
3. 了解竞争对手的产品卖点。
4. 明确目标人群。
5. 确定活动主题。
6. 明确产品卖点。
7. 确定海报文案写作方式。

任务实施 🛒

通过任务分析和讨论，按以下步骤完成任务。

步骤一：确定海报文案的表达目的。

通过项目导入可以了解到撰写电饭煲海报文案，主要是为了对产品上新进行宣传推广。

步骤二：明确文案定位。

根据文案策划的目的，以及品牌的定位目标人群的分析，将文案定为产品上新广告文案。

步骤三：了解竞争对手的产品卖点。

从多个电商平台了解的电饭煲买家评价如图2.1.8所示，买家主要关心的产品特点包括定时预约、节省时间、操作简单、煮米饭很香、多种内胆选择、易清洁等。

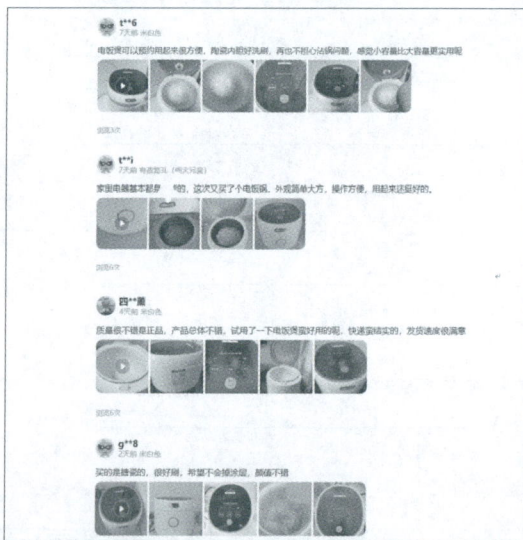

图2.1.8　电饭煲买家评价

步骤四：明确目标人群。

登录360趋势查找电饭煲目标人群需求分布，如图2.1.9所示，得出电饭煲的主要目标人群是女性，占了52%。

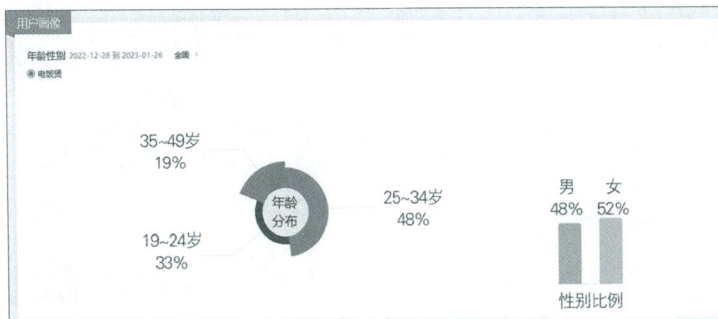

图2.1.9 电饭煲需求分析

步骤五：确定活动主题。

根据客户需求、自身卖点、消费人群特点，确定主题采用直观展示购买理由。

步骤六：明确产品卖点。

通过跟客户沟通，明确该电饭煲的卖点是：该款电饭煲是微电脑式，可以定时预约，带蒸笼，多种内胆选择，煮米饭很香，煮粥不会溢出来，外观好看，特别受女性喜欢，操作简单，易清洁。

步骤七：确定海报文案写作方式。

根据目标人群的特点，以及消费者对产品品质的需求，借助产品中的权威认证方式撰写海报文案，提高消费者对产品的信赖。

主标题：年轻人都喜欢的电饭煲。

副标题：专利元釜 陶瓷油内胆。

描述信息：双重防溢锅 12小时预约六大智能菜单。

同步实训 🛒

一家美妆店计划为一款防晒霜策划一个国庆促销海报，该海报将会投放到京东平台运营，主要用于引流及增加关注度，请为该防晒霜策划撰写促销海报文案，并填写下表。

防晒霜信息	产品	防晒霜	防晒分类	防晒乳／霜
	防晒指数	SPF50+	适合肤质	任何肤质
	化妆品备案编号	注册证号：国妆特进字	PA 值	PA++++
	规格类型	正常规格	功效	防晒
	款式	基本款	适用人群	女性
	是否为特殊用途化妆品	是	是否商场同款	是
	净含量	60 g	有效期	2026 年 9 月 30 日

1. 海报文案的表达目的是什么?

2. 文案定位是什么?

3. 竞争对手产品卖点是什么?

4. 目标人群是哪些?

5. 活动主题是什么?

6. 产品卖点有哪些?

7. 以什么样的写作方式撰写海报文案?

主标题：
副标题：
描述信息：

任务二

首页文案

任务描述 🛒

上一任务中，文案专员李明已经完成电商海报的策划撰写，根据"项目导入"中文案工作任务单的要求，本任务主要撰写店铺首页文案，了解企业文化，分析消费者需求，确定品牌定位，展示品牌推广等。店铺商品信息如图2.2.1所示。

序号	产品类型	型号	图片	功能	材质	容量	原价	活动	活动形式	促销价
1	电饭煲	DFB-P30N5		煮粥煲汤煮饭	铝合金	3 L	218元	最多送100元，全店通用更划算	3.8聚划算 官方立减13%，产品券满126元减10元，购买得积分	券后179元起
2	电热水壶	ZDH-C15C1		自动断电防干烧	塑料+不锈钢	1.5 L	264元	最多送101元，全店通用更划算	官方立减13%，满79元减50元，购买得积分	折后179元
3	破壁机	PBJ-B06W1		婴儿辅食果汁米糊豆浆	高硼硅玻璃	1 000 mL	494元	最多送102元，全店通用更划算	官方立减13%，产品券满494元减50元	券后379元
4	净水机	JSJ-A21F3		带净化功能	五合一净水芯	15.6 L/h	1838元	最多送103元，全店通用更划算	官方立减13%，满159元减100	折后1 499元
5	煮蛋器	ZDQ-A14R1		蒸蛋羹蒸面食煮蛋定时	304不锈钢蒸锅	7枚及以上	114元	最多送104元，全店通用更划算	官方立减13%	折后99元
6	绞肉机	QSJ-C04B1		绞酱料绞果泥	食品级不锈钢碗	2.5 L	114元	最多送105元，全店通用更划算	官方立减13%，满20元减10元	折后89元
7	养身壶	YSH-B18W2		便捷触控操作	高硼硅玻璃	1.5 L	183元	最多送106元，全店通用更划算	官方立减13%，满36元减20元	折后139元

序号	产品类型	型号	图片	功能	材质	容量	原价	活动	活动形式	促销价
8	蒸炖锅	ZDQ-C06H1		可预约可定时	外304全钢内白瓷	6 L以下	436元	最多送100元，全店通用更划算	官方立减13%，产品券满436元减80元，购买得积分	券后299元
9	电煮锅	DRG-P16J1		蒸煮涮炖烙煎	陶瓷油PP材质蒸笼	1.6 L	126元起	最多送101元，全店通用更划算	官方立减13%，产品券满126元减25元，购买得积分	券后84元起
10	空气炸锅	QZG-D15W1		可视化炸篮高温空炸	不粘内胆	3~8L	459元起	最多送102元，全店通用更划算	官方立减13%，产品券满459元减100元，购买得积分	券后289元

图 2.2.1　店铺商品信息

知识储备

店铺首页就相当于一个实体店的门面，店铺首页文案的好坏将直接影响客户的购物体验和店铺的转化率。

一、首页文案的作用

店铺首页是店铺对接消费者的一个窗口，首页信息在一定程度上影响消费者是否下单购买，是决定网店流量的重要因素。

1.提高消费者对网店的信任度

店铺首页文案是企业传达给消费者的一种企业产品文化、内涵、品质的形象，有提高消费者对企业店铺的信任、增加消费者页面停留时间的作用。首页全屏海报如图2.2.2所示。

图 2.2.2　首页全屏海报

2.传达网店活动信息

店铺首页是店铺信息量最大、最集中的地方，消费者了解产品往往是从店铺的首页开始的。如图2.2.3所示为某店铺的促销海报,店铺首页在第一屏中把店铺的促销活动信息传达给消费者,再通过文案引起消费者的情感共鸣,从而提高店铺的转化率。

图 2.2.3　促销海报

3.传达品牌形象

店铺首页可以把店铺的风格、品牌、经营理念和文化等信息准确地传达给消费者,有利于树立店铺品牌品质的形象。如图2.2.4所示为某品牌宣传海报,店铺文案树立了品牌形象,展现了产品优质,并为后面产品上新起到了宣传推广的作用,从而刺激消费者关注收藏。

图2.2.4　品牌宣传海报

4.增强店铺吸引力

消费者在进入店铺后,第一眼看到的就是店铺首页。这时,消费者对店铺中销售的产品还不了解,对产品的质量也无法评定,而一个设计精美的首页就可以给消费者留下良好的第一印象,使消费者对品牌和产品产生好感。某店铺的轮播海报如图2.2.5所示。

图2.2.5　轮播海报

5.店铺流量的中转站

店铺首页上的活动入口、产品分类图（图2.2.6）、优惠券等都起到疏导流量的作用，可以有效地降低整个店铺的跳失率。

图 2.2.6　产品分类图

二、首页文案策划思路

1.确定店铺首页主题

不同的产品对文案的策划和写作要求不一样。店铺首页主题文案策划需要根据产品风格定位才能确定文案的设计、宣传和投放；消费者通过文案展示的信息内容了解店铺宣传推广的重点信息。

2.选择店铺首页文案诉求的方式

文案诉求的方式是指向目标消费者传递某种信息，引起消费者共鸣，达到消费者店内购物的目的。

3.明确店铺首页文案的写作风格

店铺首页文案的写作风格取决于展示产品或者品牌的定位，一旦确定了写作的风格类型，展示产品所对应的所有文案都应该按照这种风格进行写作。

4.确定店铺首页布局内容

店铺首页主要包括店招、导航、海报、产品分类、客服旺旺、产品展示、店铺页尾、店铺背景以及满返、满减、红包、购物券等营销模块。

三、首页文案写作技巧

1.店招

店招就是店铺的招牌，店招展示文案的内容包括店铺的名称、标志、口号等，详细的也可以展示1~2款主推产品，以及领取优惠券文案、收藏店铺图标等。同时，还可以定位店铺广告语，如图2.2.7所示。

微课：首页文案的写作技巧

图2.2.7　店招

　　店招是店铺上唯一的各个页面都能展示的模块,所以一些重点推广信息可以设计在店招上。而店招上的文案也可以根据产品定位来策划符合品牌风格的文案,如图2.2.8所示。

图2.2.8　店招

2.导航条

　　导航条的主要功能是可以快速链接到指定页面。一般内容为所有分类、首页等,详细的还包括会员制度、购物须知、品牌故事等,具体可根据自己店铺内容而定。商家为了在第一时间直击消费者内心,在导航条文案上也可将消费兴趣点作为导向信息进行展示,如图2.2.9所示。

图2.2.9　店招导航条

3.全屏海报或轮播海报

　　全屏海报文案内容主要用于店铺重大公告、折扣优惠、主推产品,让消费者一进入首页就能看到店铺的重点,如图2.2.10所示。

图2.2.10　全屏海报

　　轮播海报文案主要用于展示产品推广的促销内容。当店铺有促销优惠活动时,为了提醒消费者购买,刺激消费者的购买行为,文案人员也会将促销文案展示在全屏海报和轮播海报中,如图2.2.11所示。

图2.2.11　轮播促销海报

4.产品分类

　　产品分类方便消费者根据自己的需求在店铺中快速找到想要的产品。分类可以按价格、产品功能、产品属性等进行。分类模块是一种引导,文案内容不多,如图2.2.12所示。但是有趣的小标题也能引起消费者的好奇心,刺激消费者点击转入详情页了解产品信息。

图2.2.12　热门分类

素养提升

"以竹代塑"为推动可持续发展做出贡献

　　2022年11月7日,国际竹藤组织成立二十五周年志庆暨第二届世界竹藤大会在北京举行,国家主席习近平向大会致贺信。习近平主席指出,国际竹藤组织成立以来,致力于竹藤资源保护、开发与利用,为促进全球生态环境保护、推动可持续发展发挥了建设性作用。

　　国际竹藤组织成立于1997年,是第一个总部设在中国的政府间国际组织,也是全球唯一一家专门致力于竹藤可持续发展的国际机构。本届大会以"竹藤——基于自然的可持续发展解决方案"为主题,旨在推动竹藤产业健康发展,助力实现碳中和目标,探索竹藤发展新机遇,打造竹藤对话新平台。中国政府与国际竹藤组织在会上共同发起"以竹代塑"倡议。

　　第二次世界大战后,塑料开始被大量生产并进入人类生活。当前,塑料污染已成为人类社会所面临的最大环境挑战之一,和全球气候变化等问题一道严重威胁着人类的生存环境。数据显示，每年有多达 1 200 万 t 塑料垃圾最终流入海洋，预计至 2040 年将增加两倍，地球的可持续发展目标处于危险之中。

尽可能地减少塑料污染，最主要的方式就是加强塑料制品的回收再利用。当前，包括中国在内的世界各国已为此付出了长足的努力。除此之外，还应开拓新的减少塑料使用的生活方式，降低塑料制品在人们生活中的占比，让人们能够选择更为绿色环保的材料制品来替换塑料制品。竹子作为绿色、低碳、可降解的生物质材料，在包装、建材等多个领域可直接替代部分不可生物降解的塑料制品。"以竹代塑"可以增加绿色竹产品的使用比例，减少塑料污染。

（资料来源：光明日报）

5.活动促销区

将店铺的促销活动信息展示在店铺首页可提升店铺的转化率。在旺铺的基础模块中，可供使用的促销工具有满返、红包、优惠券、满减、满赠等。以上营销设计，可达到引导消费者自主购买，提高消费者回头率的效果。促销过程中，数字往往是消费者比较敏感的信息，所以对消费者有利的数字更能激起消费者的购买欲望，如图2.2.13所示。

图2.2.13　活动促销区

6.产品展示区

产品展示区是指产品通过平面图片搭配产品卖点文案展示给消费者。图片和文案策划都要考虑消费者需求，突出产品的优点，搭配店铺的风格，极大地提升产品的视觉展示效果，如图2.2.14所示。

图2.2.14　产品展示图

7.店铺页尾

店铺页尾展示的主要内容包括物流、售后服务、正品保证等，如图2.2.15所示。

图2.2.15　店铺页尾

📎 小试身手

根据店铺首页素材，分析首页各模块文案内容，并仿写相应文案。

素材位置：项目二任务二　小试身手素材2

首页模块	文案内容	自创文案内容
店招		
导航条		
全屏海报		
产品分类		
活动促销专区		
产品展示区		
页尾		

任务分析 🛒

通过"知识储备"的学习,为了完成小家电店铺首页的布局及文案策划,各小组进行了任务分析、讨论,主要涉及以下几个问题:

1.店铺首页的基本框架。

2.撰写首页模块标题文案。

3.撰写首页模块内容文案。

任务实施 🛒

根据店铺产品分类,通过任务的分析和讨论,按以下步骤完成任务。

步骤一:根据产品风格定位,确定首页的大致框架,见表2.2.1。

表 2.2.1　小家电店铺首页大致框架

序号	首页模块	理由
1	首焦全屏海报	换季上新产品推广(高科技)
2	系列海报	系列产品 – 品牌推广
3	厨房电器	能做出美味的厨房电器
4	上新产品	种草系列,吸引新老粉丝
5	产品分类	所有产品分类
6	品牌宣传	实体店图、口号、各种荣誉
7	活动促销专区	换季部分产品促销
8	热卖、主打产品	爆款促销
9	页尾	品牌保证售后服务、温馨提示等

步骤二:根据上面提供的产品内容为店铺首页策划与店铺产品风格和特点相应的模块,并撰写模块标题文案,见表2.2.2。

表 2.2.2　小家电店铺首页标题文案

序号	首页模块类型	理由	模块标题文案
1	首焦全屏海报	换季上新产品推广(高科技)	定制厨电好物
2	系列海报	系列产品 – 品牌推广	玩出新潮味
3	厨房电器分类	厨房小家电系列	欢聚美味时刻
4	上新产品	种草系列,吸引新老粉丝	乐享健康美味
5	产品分类	所有产品分类	轻松享受生活
6	品牌宣传	实体店图、口号、各种荣誉	年轻人都喜欢的小家电
7	活动促销专区	换季部分产品促销	喝出健康美丽
8	热卖、主打产品	爆款促销	快乐成长的好伴侣
9	页尾	品牌保证,售后服务,温馨提示等	品牌官方旗舰店

步骤三：撰写首页内容文案，见表2.2.3。

表2.2.3　网店首页标题文案

序号	首页模块类型	理由	模块标题文案	模块内容文案
1	首焦全屏海报	换季上新产品推广（高科技）	品牌会员享受多重权益	入会领无门槛券 / 天天免费抽奖 / 0元适用爆款
2	系列海报	系列产品－品牌推广	天猫定制厨电好物	萌厨当家 玩出新潮味
3	厨房电器分类	厨房小家电系列	欢聚美味时刻	大有可玩，烘燃心动
4	上新产品	种草系列，吸引新老粉丝	乐享健康美味	汤温润，味鲜农
5	产品分类	所有产品分类	轻松享受生活	夏日好友，陪你轻松度夏
6	品牌宣传	实体店图、口号、各种荣誉	年轻人都喜欢的小家电	未来，将持续创新产品，不断推出精致、创新、时尚的小家电，与更多年轻人一起探索多元美好生活
7	活动促销专区	换季部分产品促销	喝出健康美丽	花式润养你
8	热卖、主打产品	爆款促销	快乐成长的好伴侣	1机10用，可独立暖奶
9	页尾	品牌保证，售后服务，温馨提示等	品牌官方旗舰店	7天退换 / 正规发票 / 全国联保 / 村镇可达 / 以换代修

同步实训 🛒

根据某体育用品店产品风格及特点，策划首页模块，结合店铺活动，撰写首页模块文案内容。该体育用品店的产品及产品信息如图2.2.17所示。

序号	产品名称	使用者	图片	功能	材质	规格	原价	活动	促销价
1	弹力加压运动护膝	男女通用		保护膝盖 全方位包裹 保护肌腱 释放压力	锦纶、聚酯纤维、二烯类弹性纤维、氨纶	M LX L	139	满300减50,消费券、商品券满60减3,店铺券满100减3,购买得积分	134
2	冷感运动护腕	男女通用		冰丝面料，肌肤一触即凉，双层设计，吸汗更迅速，透气网孔，散热不闷弹力舒适，适合多种腕型	93%锦纶、7%氨纶	均码 8 cm×9 cm	32	满300减50,消费券、商品券满60减3,店铺券满109减4,购买得积分	32
3	智能计数燃脂跳绳	燃脂瘦身健身人群		硅胶手柄 精钢轴承 精准计数 可加负重 加重钢丝绳	ABS、硅胶、PVC、钢	2.8 m	79	满300减50,消费券、商品券满69减3,店铺券满100减5,购买得积分	76

序号	产品名称	使用者	图片	功能	材质	规格	原价	活动	促销价
4	筋膜球	男女通用		肌肉放松	环保EVA	直径约6.6 cm	20	满300减50,消费券、商品券满60减3,店铺券满109减7,购买得积分	20
5	篮球	男女通用		手感细腻防滑 天然橡胶 防水防汗防滑 不脱皮不开裂	PU材质表皮/橡胶内胆/中胎/高密度尼龙缠纱	7号	149	满300减50,消费券、商品券满60减3,店铺券满109减8,购买得积分	144
6	羽毛球拍	男女通用		防滑减震手柄 ISO风刃破风框 重磅拉线工艺碳纤维中杆	碳纤维、碳铝	85 g(含)~89 g(含) 80 g(含)~84 g	219	满300减50,消费券、商品券满69减3,店铺券满109减9,购买得积分	209
7	计数握力器	男女通用	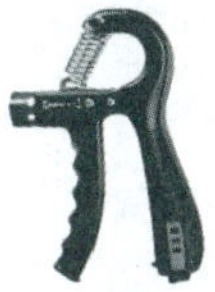	强化手部锻炼指力 机械计数 舒适手柄 力度可调 小巧便携	PP+TPR+弹簧钢	15.5 cm×11 cm	85	每300减50,消费券、商品券满60减3,店铺券满109减10,购买得积分	82

图2.2.16 某体育用品店的产品及产品信息

步骤一:根据店铺产品信息确定首页大致框架。

序号	首页模块	理由
1		
2		
3		
4		
5		
6		
7		
8		

步骤二:根据店铺首页框架确定首页模块标题文案、模块内容文案。

序号	首页模块类型	理由	模块标题文案	模块内容文案
1				
2				
3				
4				
5				
6				
7				
8				

任务三 NO.3

产品详情页文案

任务描述 🛒

　　上一任务中，文案专员李明已经完成电商海报的策划及店铺首页文案撰写。根据"项目导入"中文案工作任务单的要求，本任务主要策划产品详情页文案。

知识储备 🛒

　　商家为了更好地让消费者全面了解产品的信息，在详情页中，可以通过文字、图片、视频等元素全面地展示产品的功能、特性，以及销售、物流等方面的信息。通过详情页中文案的介绍，激发消费者的购买欲望，提高转化率。

一、详情页写作前分析

　　详情页文案具有宣传品牌、树立店铺品牌形象的作用，使消费者了解产品功效，取得消费者信任和好感，引导消费者下单，从而提高店铺产品较高的支付转化率。

　　在撰写产品详情页文案前要充分地了解市场与消费者的需求，要将产品的优势信息内容、消费者最关注的问题展示出来。可通过5W1H法来展开分析。

　　What分析，即分析产品是什么；基本属性有哪些（包括尺寸、功能、外观等）；有什么特点；与竞争对手的最大区别是什么，如图2.3.1所示。

品牌：Bear/小熊	型号：DZG-C60A1	电蒸锅总容量：6 L(含)~8 L(不含)
颜色分类：米黄色［旋钮款］不锈钢...	生产企业：佛山市小熊厨房电器有限...	控制方式：电脑式
层数：2层	智能类型：不支持智能	采购地：中国大陆
保修期：12个月	电蒸锅类型：电蒸锅	3C证书编号：2014010717714065

图2.3.1　What分析

　　Where分析，即分析产品使用的地点在哪里；有什么独特的地方或有趣的使用方式和用途，如图2.3.2所示。

　　When分析，即分析产品的使用时机是什么时候；是日常生活购物、外出旅行，还是季节性购物，如图2.3.3所示。

　　Who分析，即分析产品的使用对象是谁；谁是最终的目标消费群体，如图2.3.4所示。

　　Why分析，即分析为什么要购买这个产品；为什么要用这个产品；使用这个产品消费者能得哪些好处；该产品有什么特别之处，如图2.3.5所示。

图2.3.2　Where分析

图2.3.3 When分析　　　　　图2.3.4 Who 分析　　　　　图2.3.5 Why分析

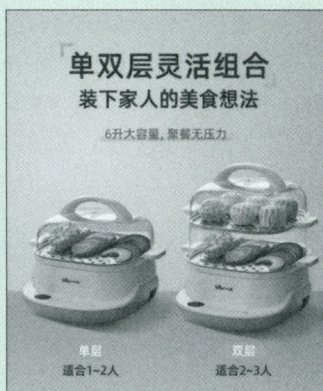

　　How分析，即分析产品如何使用；特别是新产品或升级产品，一定要描述产品的使用方法，并且说清楚能够为消费者带来的好处，如图2.3.6所示。

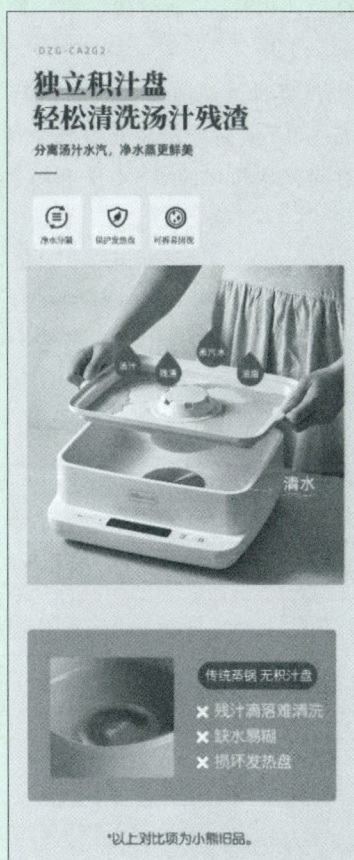

图2.3.6 How分析

微课：5W1H
产品信息分析
法

素养提升

塑料回收创新方法

在2022年8月22日举行的美国化学学会秋季年会上，美国太平洋西北国家实验室领导的研究小组提出了一项塑料回收创新方法，它在减少贵金属钌使用量的同时，提高了对有用产品的转化率。这项研究使科学家有机会开发出更高效、更具选择性和多用途的塑料回收催化剂。

这种新方法能够更有效地将塑料转化为有价值的商品化学品，这一过程被称为"升级再造"。此外，与其他报告的方法相比，这种方法产生的副产品甲烷要少得多。

石油基塑料垃圾是一种未开发的碳基化学物质来源，可用于制造有用的耐用材料和燃料的起始材料。

研究小组发现，减少贵金属钌的含量实际上提高了聚合物的升级再造效率和选择性。他们最近发表在《ACS催化》上的一项研究表明，当金属与载体结构的低比例导致结构从有序的粒子阵列转变为无序的原子簇时，效率就会提高。

研究人员表示，他们已经研究了更便宜、更容易获得的载体材料来替代氧化铈。研究还发现，经过化学修饰的二氧化钛，可能会为聚丙烯的升级再造提供一条更有效、更有选择性的途径。

当没有清洁的塑料来源时，工业升级过程中会有来自聚氯乙烯和其他来源的氯。氯会污染塑料的升级再造反应。为了使新方法适用于混合塑料回收流水线，研究小组现在正在探索氯的存在如何影响化学转化的效率，或有助于将通常会导致环境污染的废塑料转化为有用的产品。

（资料来源：科技日报，有删减）

小试身手

通过分析产品信息，用5W1H分析法完成下面的表格。

素材位置：项目二任务三 小试身手素材2

	产品类别：电蒸锅	型号：ZDQ-C06H1	附加功能：炖
	层数：2层	电蒸锅总容量：6 L以下	电压：220 V
	修期：12个月	颜色分类：米黄色	控制方式：电脑式

What 分析	

Where 分析	
When 分析	
Who 分析	
Why 分析	
How 分析	

二、详情页写作要点

作为产品信息的主要展示页面，详情页中文案对消费者具有吸引力，是激发消费者产生购物行为一种手段。策划符合产品目标群体的页面内容。按照消费者兴趣、产品特点可以展示产品卖点、产品品质，以便打消消费者顾虑、营造购物紧迫感来构建产品详情页框架内容。

1.激发消费者兴趣

通过对消费群体购物行为、痛点及利益点的分析，塑造产品的定位。分析消费者为什么要购买该产品，购买该产品之后能带来什么，可以解决什么问题等，定位到使用情景，直击消费者痛处，营造紧张感，加深认同感，激发冲动消费。提炼消费者最在意、最关心的问题（也就是卖点）。找出能打动消费者的点，以一种醒目的方式展示在产品详情页的最上方。

2.展示产品卖点

一般来说，卖点是指产品的特色，是刺激消费者下单购物的主要因素。不同类目的产品所突出的卖点不同，具有差异性。分析产品的属性与价值，思考你的产品有什么功能，给消费者带来了什么利益，然后把利益最小化、最精细化，用最简洁的文字直接展现给消费者，让消费者更加了解产品。

3.展示产品品质

优质的产品，其信息内容应该是比较全面的。商家通过展示产品的功能、性能、工艺、参数、材质、细节、性价比等内容提升产品品质。注意不能用繁琐的文字和数据展示，要用简洁的图文搭配进行展示，让消费者一目了然。分析对比竞争对手的详情页文案，找出自身产品优势，并把挖掘到的优势进行放大、精练，吸引消费者。

4.消费者顾虑

打消消费者顾虑是刺激消费者购物欲望的一种手段，可以提高消费者对产品的信任度。产品资质证书、品牌实力，防伪查询、售后服务、顾客评价等都是打消消费者顾虑的有效方式。

5.营造购物紧迫感

商家通过限时促销、限量供应、限时秒杀等手段刺激消费者，产生紧迫感，促使消费者最终的购物行为。详情页策划内容举例分析如图2.3.7所示。

序号	策划要点	具体分析	图　片
1	热销产品推荐	通过产品功能升级前后的对比，突出产品卖点，引导消费者自主了解产品	
2	店铺促销活动	收藏店铺返优惠，优惠券领取	
3	产品上新	突出产品功能、特点，解决消费者痛点，刺激消费者购买	
4	产品焦点图	以图文的形式展示，能够激发消费者的购买欲望	
5	使用场景图	让消费者了解产品是否适合自己，产品有什么用处	

序号	策划要点	具体分析	图　片
6	产品的基本信息	可对比实物与产品，让消费者更直观地了解产品的实际尺寸	
7	产品细节图	好的细节展示能使消费者直观感受到产品，犹如线下购物可以当即下单，从而提高转化率	
8	权威认证	让消费者觉得品牌质量可靠，显示出品牌实力	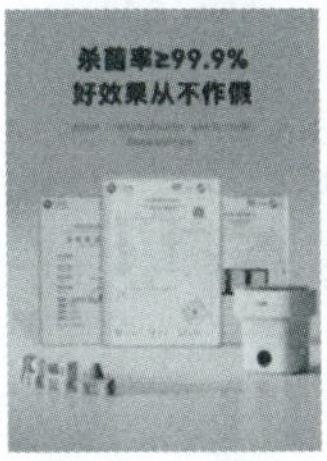
9	价格说明	价格说明也称为"温馨提示"，即对价格遇到的变动进行说明，以免产生不必要的误会，体现卖家的服务周到	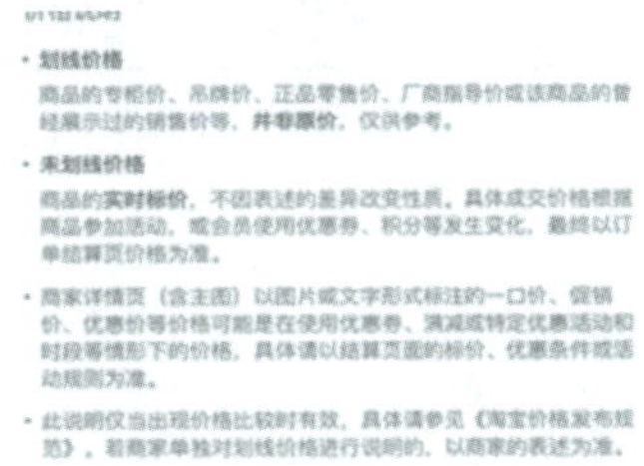
10	本店推荐	推荐店铺主打产品，提高消费者的点击率，增加阅读率	
11	店铺服务指南	提醒店铺的专业服务水平，增加消费者的信任感	

图2.3.7　某店铺详情页分析

小试身手

根据产品详情页,分析该详情页采用了哪些策划模块。

素材位置:项目二任务四　小试身手素材2

行李箱详情页	策划模块	具体分析

任务分析

通过"知识储备"的学习,为了完成电饭煲的产品详情页的内容策划,文案小组进行了任务分析、讨论,主要涉及以下两个问题:

1.产品详情页的大致框架。

2.撰写详情页的相关文案。

任务实施

通过任务分析和讨论,完成对电饭煲的定位、对目标人群的购买心理分析,以及受众群体的购买需求,按以下步骤完成任务。

步骤一:引发兴趣。

产品可以展示品牌以及产品特色的意境文字。例如,现代厨房通过温柔底色或者热销三榜第一、0元入会,享多重专属优惠等信息内容展示产品的热销盛况、产品升级、消费者痛点、促销信息等,引起消费者兴趣。

步骤二: 激发需求。

针对产品的属性,结合产品的特点搭配场景图文、效果图文,激发消费者的潜在购买需求,激发消费者的购买欲望。

步骤三: 产生信任。

通过展示产品功能、属性、产品细节描述、同类产品对比、参数等文字信息,突出产品卖点,逐步获取消费者的信任。

步骤四: 增加说服力。

展示品牌实力、口号、品牌理念、产品权威证书、消费者反馈信息,增加说服力。

步骤五: 打消顾虑成交。

好的产品很多,能在关键时刻刺激消费者下定决心购买还包括品牌能给到的专业服务及售后保证等。因此,卖家可以通过包装展示、使用说明、售后保障服务、物流问题等,免除消费者的后顾之忧。

步骤六: 确定产品详情页内容提纲,见表2.3.1。

表2.3.1 产品详情页内容提纲

序号	详情页模块	理 由
1	热销产品推荐	降低消费者跳失率
2	店铺促销活动	收藏店铺返优惠,优惠券领取
3	搭配推荐	可以放搭配套餐、同款推荐促进消费者消费
4	产品焦点图	以海报形式展示,能够引发消费者购买冲动
5	使用场景图	让消费者了解产品是否适合自己,产品有什么用处
6	产品的基本信息	可使用实物与产品对比,让消费者更直观地了解产品的实际尺寸
7	产品细节图	好的细节展示能使消费者直观感受到产品,犹如线下购物可以当即下单,从而提高转化率
8	消费者反馈信息	能让消费者更方便地获取重要信息
9	品牌说明	让消费者觉得品牌质量可靠,烘托出品牌实力
10	使用说明	价格说明也称为温馨提示、注意事项、常见问题等,体现了卖家的服务周到
11	购物须知	提醒消费者,以免收到货物后给店铺带来不好的评分

步骤七: 撰写详情页文案,见表2.3.2。

表2.3.2 详情页模块文案

序号	详情页模块	理 由	文案内容
1	热销产品推荐	降低消费者跳失率	"莫兰迪"色系 现代厨房的温柔底色
2	店铺促销活动	收藏店铺返优惠,优惠券领取	赢券购物 满299元可用

续表

序号	详情页模块	理　由	文案内容
3	搭配推荐	可以放搭配套餐、同款推荐促进消费者消费	柴火元釜　精煮　饭香四溢　粒粒皆甜　升华一锅饭　色香味俱全
4	产品焦点图	以海报形式展示，能够激发消费者的购买冲动	专利元釜|陶瓷油内胆双重防溢锅　12小时预约　六大智能菜单
5	使用场景图	让买家了解产品是否适合自己，产品有什么用处	专利柴火元釜热力透芯　煮饭更喷香　仿柴火土灶焖炊，释出原生谷米香
6	产品的基本信息	可使用实物与产品对比，让消费者更直观地了解产品的实际尺寸	型号：DFB-P30N5　电饭煲多功能：煮粥、煲汤、煮饭　内胆材质：铝合金　容量：3 L　形状：圆形　颜色：蓝色、黄色、绿色、紫色、米白色
7	产品细节图	好的细节展示能使消费者直观地感受到产品，犹如线下购物可以当即下单，从而提高转化率	内盖可拆洗，卫生，不藏污垢，侧面一键开盖，避免高湿蒸汽烫伤底部防滑垫，稳固放置不倾倒，不易粘锅糊底一冲即净，常用如新
8	消费者反馈信息	能让消费者更方便地获取重要信息	买家秀图片
9	品牌说明	让消费者觉得品牌质量可靠，展示出品牌实力	年轻人都喜欢的小家电
10	使用说明	使用说明也称为温馨提示、注意事项、常见问题等，体现卖家服务周到	（1）请勿煮完饭立即再煮一锅，应冷却等待15分钟以上，待产品冷却后再煮，米饭效果好； （2）首次使用产品，将内锅、可拆卸配件清洗干净后再装配好； （3）清洗内胆，请用柔软的海绵清洗，然后用干软布将水擦干，请勿用钢丝球擦洗内胆壁，否则容易造成内胆涂层脱落； （4）切勿将产品内胆放置在明火、电磁炉等上加热； 本页面的文字、图片版权归小熊电器股份有限公司所有，非经许可，不得以传播、转载、编辑等任何方式使用，违者必究
11	购物须知	提醒消费者，以免收到货物后给店铺带来不好的评分	牢固包装　放心运输 放心说明 补充说明 运费说明

同步实训 🛒

某美妆店计划上新一款防晒霜，请你为该防晒霜策划撰写产品详情页，并填写下表。

产品信息	产品：防晒霜 防晒分类：防晒乳／霜 防晒指数：SPF50+ 适合肤质：任何肤质 功效：防晒 吊牌价：168元 促销价：128元 活动时间：3月1日到3月8日

1. 引发兴趣

2. 激发需求

3. 产生信任

4. 增加说明力

5. 打消顾虑成交

6. 确定详情页内容提纲

7. 详情页文案

任务四

NO.4

关注运营文案

任务描述 🛒

　　上一任务中,文案专员李明已经完成店铺详情页内容的策划撰写,根据"项目导入"中文案工作任务单的要求,本任务撰写淘宝关注运营的文案。

知识储备 🛒

　　关注运营是平台与消费者之间传播信息内容的一种新型方式,同时也是与阅读者进行更好沟通的模式。

　　淘宝的关注运营是店铺吸引粉丝的一种主要运营手段,提升老顾客的复购率,从而获得一部分流量。部分功能还能为店铺吸引非店铺粉丝,带来新的流量及点击率,触动新粉丝点击关注,提高阅读量。发布工具包括多品上新、买家秀、图文搭配、图文测评、清单、店铺派样等模块。

一、关注运营的常用功能

1.发布店铺上新

　　店铺上新是一种通过内容渠道有效推广新品的方式,可以让消费者第一时间了解店铺新品和折扣信息,快速积累产品销量,如图2.4.1所示。

微课:关注运营的常用功能

图2.4.1　内容平台推广方式

2.发布产品评测

　　店铺通过关注运营平台发布评测,可以进行产品的图片实拍、真人试用等展示,真实地展示产品的使用效果和核心卖点。可以取得关注者对产品的信任,有效提高用户的点击率,如图2.4.2所示。

3.发布买家秀征集

店铺通过征集活动以优惠券作为奖励,引导粉丝上传买家秀,从而提升产品的带图评价数量,间接提高产品的转化率。

4.发布粉丝专享券和会员专享券

店铺通过店铺专享券、会员专享券维护店铺粉丝和会员粉丝之间的关系,提升老客户的活跃度和复购率。

5.其他的图文搭配

可以通过展示产品搭配提高客单价。店铺派样,通过发表低价试用活动提升产品的转化率,还能触达非店铺粉丝引流新用户。

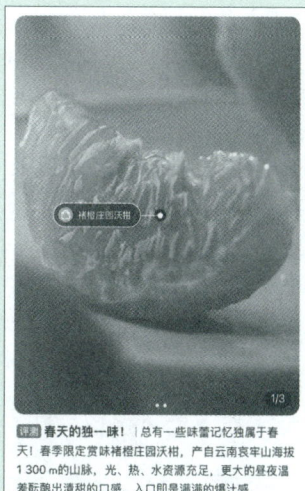

图2.4.2　产品评测

二、淘宝关注运营内容分析及文案写作要点

1.多品预上新

店铺通过关注运营平台展示新品信息、上新时间的提前预告,可以让店铺粉丝提前了解、关注及预约新品。同时也可以提升新品,积蓄流量的内容。

写作要点:文案可以展示上新时间,福利内容,互动抽奖等信息,为新品开售成交蓄力,如图2.4.3所示。

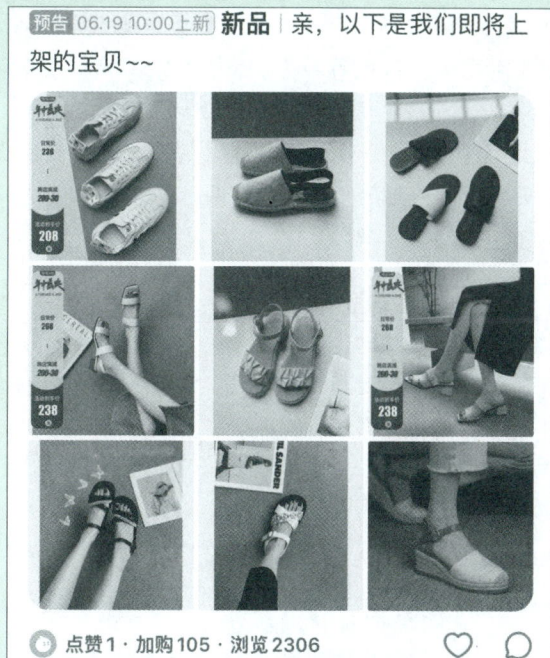

图2.4.3　新品预上新

2.多品上新

多品上新是店铺对新品进行有效推广的一种内容形式，通过多款新品组合内容的发布，可以让店铺粉丝第一时间了解上新的相关产品信息以及折扣信息，多品上新内容为点击率TOP内容。

写作要点：文案可以展示多款新品信息内容、TOP内容、优惠活动及福利信息等，如图2.4.4所示。

图2.4.4　多品上新

3.清单

商家发布同类主题的产品集合，可以让粉丝更集中地获取产品相关信息以及促销折扣相关信息，帮助提升关联产品推荐效率，如图2.4.5所示。主题及文案要求主要向消费者传递划算攻略。

写作要点：文案格式【"双十一"就要买】/【每周爆款】+攻略概述： 结合"双十一"或店铺最值得买的清单，主要包括：①大促时组合可以参与满减的产品；②日常做店铺爆款合集——TOP清单。

图2.4.5　产品清单

加大绿色农产品有效供给 打造绿色低碳农业产业

走进位于北京市世纪财富中心的一家超市，蔬菜区产品包装袋上的绿色圆形标识——"零碳农产品"颇为显眼。标注"零碳农产品"，代表着这包蔬菜在生产过程中温室气体净排放量小于或等于零。

近年来，我国以绿色生态为导向的低碳农业，逐步跑出发展加速度，一系列绿色农产品丰富了人们的"菜篮子"。《"十四五"全国农业绿色发展规划》也明确指出，"十四五"期间，我国将打造绿色低碳农业产业链，推动农业绿色发展、低碳发展、循环发展，全链条拓展农业绿色发展空间，培育绿色低碳新增长点，加快形成发展新动能。

"绿色低碳变革，正在乡村沃野间徐徐展开。"业内人士表示，推进绿色低碳农业发展是农业发展观的一场深刻革命，也是我国农业供给侧结构性改革的主攻方向。

（资料来源：人民网）

小试身手

请根据以下品牌特点，确定品牌关注运营活动方式，撰写关注运营活动内容。

素材位置：项目二任务五 小练笔素材2

品 牌	关注运营方式	关注运营文案内容
褚橙		
金龙鱼		
稻花香		
得力		
小熊电器		
安踏		

任务分析 🛒

通过"知识储备"的学习，为了完成店铺关注运营文案的策划及撰写，文案小组进行了任务分析、讨论，主要涉及以下两个问题：

1. 确定淘宝关注运营方式。
2. 撰写店铺关注运营标题文案。

任务实施 🛒

通过任务的分析和讨论，按以下步骤完成任务。

步骤一： 确定淘宝关注运营方式，见表2.4.1。

表 2.4.1　某店铺上新的大致框架

序　号	关注运营方式	理　由
1	多品预上新	是可以帮助新品积蓄流量的内容
2	多品上新	可以让粉丝第一时间收取相关上新产品信息以及折扣信息
3	单品上新－新品首发	通过首发新品介绍＋上新预约玩法
4	单品上新－新品买赠	在发布新品时配置对应赠品，获得更大的用户转化，促进成交
5	清单	帮助提升关联产品推荐效率

步骤二： 撰写店铺关注运营文案，见表2.4.2。

表 2.4.2　电饭煲关注运营标题文案

序　号	活动策划	标　题	文　案
1	上新	直播预告	9月26日早8：00开播，直播间5折起秒杀，快来预约直播吧
2	玩搭	清单	科普小知识 问： 答：
3	活动	店铺派样	大牌好物U先试！以下是本店限量爆款样品，先到先得，快来领取吧
4	会员	会员专享	会员日大额神券限量发放，快快来抢，先到先得

同步实训 🛒

根据上一任务策划完成的某体育用品店详情页文案内容，请为该体育用品店撰写关注运营文案，填写在表2.4.3中。

表2.4.3　某体育用品店铺关注运营文案

目标人群分析：

店铺产品卖点分析：

关注运营方式：

关注运营内容：

撰写店铺关注运营文案：

序号	关注运营方式	标题	文案
1			
2			
3			
4			
5			

项目考核 🛒

电商文案撰写

1.考核目的

通过对本项目的学习，基本掌握了店铺海报、首页、详情页、关注运营文案撰写。本项目考核主要练习海报文案、首页文案、产品详情页文案、关注运营文案撰写。

2.考核准备

（1）组队：以小组为单位，4~6人一组，选出一名组长，分配好组员的工作。

（2）用具：根据活动需求准备。

3.考核任务

通过为一加体育用品店铺定位及产品分析，为店铺海报、首页、详情页、关注运营策划活动及撰写相关文案。

4.任务步骤

（1）了解客户需求，明确店铺产品上新目的。

（2）产品有哪些卖点？

（3）竞争对手的产品有哪些卖点？

（4）目标人群是哪些？

（5）需要收集哪些素材？

（6）确定店铺的海报文案。

（7）确定首页框架及文案内容。

（8）确定产品详情页框架及文案内容。

（9）撰写详情页内容文案。

（10）确定关注运营活动方式及文案内容。

5.任务实施

（1）了解客户需求，明确店铺产品上新的目的。

（2）产品有哪些卖点？

（3）竞争对手的产品有哪些卖点？

（4）目标人群是哪些？

（5）需要收集哪些素材？

（6）确定店铺海报文案。

（7）确定首页框架及文案内容。

任务名称	为体育用品店铺首页策划模块提炼文案
任务要求	为体育用品店铺策划首页内容，根据店铺产品信息，分析店铺内所有产品功能。策划首页模块，撰写模块标题文案和内容文案
店铺资料	1.店铺口号：爱运动 中国有一加 2.产品分类：所有分类、男子系列、女子系列、儿童系列 YIJIA 科技、冬奥国旗系列（详见电子素材）

活动信息	1.店名：一加运动专卖店 2.店招主推产品两个：实战篮球鞋、缓震跑鞋 3.海报产品一个：一加马林3 4.店长推荐产品：竞速跑鞋、狂潮4实战篮球鞋、冰糖男女休闲鞋、防水直筒型运动裤 5.新品4个：男三合一保暖外套、儿童拒水外套、儿童运动速干衣、儿童平衡减压双肩包 6.优惠券：满300元减60元、入会专享买满499元减120元 7.新品上新活动：一加马林3 活动时间：2月27日—3月6日

首页文案					

序　号	首页模块类型	理　由	模块标题文案	模块内容文案
1				
2				
3				
4				
5				
6				
7				
8				
9				

（8）确定产品详情页框架及文案内容。

任务名称	体育用品详情描述文案的撰写
任务要求	为一加运动专卖店上新一款成人男款实战篮球鞋提炼文案。请根据产品资料，策划详情页模块，根据模块类型撰写相关文案
产品资料	品牌名称：YIJIA/一加 产品名称：狂潮4 鞋码：39，40，41，42，42.5，43，44，44.5 功能：减震、防滑、耐磨、包裹性、支撑、平衡、抗冲击、回弹 颜色：玉兔/白绿（112241106-2） 运动鞋科技：氮科技 适合场地：室外水泥地、室内地板 吊牌价：799元、促销价599元 活动时间：5月1日—5月3日

详情页文案	序 号	详情页模块	理 由	文案内容
	1			
	2			
	3			
	4			
	5			
	6			
	7			
	8			
	9			
	10			
	11			
	12			
	13			
	14			
	15			

（9）确定关注运营活动方式及文案内容。

活动方式	
关注运营文案	1. 标题 2. 正文

6.考核评价

评价指标	分数	评价说明	自我评价	小组评价	教师评价
作品评价（50分）					
目标人群及需求	5分	明确目标人群的喜好、主流需求			
产品卖点分析	5分	从自身产品及竞品进行卖点解析			
店铺海报文案	10分	文案内容符合产品活动推广			
店铺首页文案	10分	首页文案符合品牌定位及产品特点			
产品详情页文案	10分	框架思路清晰明了，主题突出			
关注运营文案	10分	文案撰写详细，标题符合活动策划要点			
完成态度（30分）					
职业技能	10分	符合工作需求，能够拓展相关知识，并通过新颖独特的形式加以展示			
工作心态	10分	有信心，努力做好工作，能完成工作			
完成效率	10分	在规定时间内按质按量地完成分配的任务			
团队合作（20分）					
沟通分析	10分	主动提问，快捷有效地明确任务需求			
团队配合	10分	快速地与团队成员合作完成任务			
计分					
总分（按自我评价30%，小组评价30%，教师评价40%计算）					

微信文案 ••

项目导入 🛒

　　文案专员李明接到文案策划部主管王华发出的任务,要求为一加水果店的主推产品在微信平台进行推广宣传,为店铺进行新客引流、提高老客复购率、开展社群营销,文案工作任务单如下。

文案工作任务单

任务发布人	王华	接收时间		
		交稿时间		
文案名称	一加水果店本季主推产品微信推广			
文案展示平台	淘宝□	微信☑		微博□
	抖音□	小红书□		QQ□
	知乎□	B站□		今日头条□
	其他:			

提供资料	1. 店铺信息 一加水果店是一家集水果采购、种植支持、采后保鲜、物流仓储、门店零售于一体的大型连锁企业。目前自有微信推广平台包括企业微信粉丝群、微信粉丝、企业公众号。 2. 本季主推产品

产品名	A级麒麟瓜	产地	海南
质量	5~8 kg/个	甜度	12
价格	9.9 元 /kg	上市周期	4~10 月
拉新人福利	新老粉丝同享 6 折,满员即止	店铺服务	现切装盒,3 km 内免费送货上门
特点	皮薄肉多,水分充足,口感爽脆		

文案要求	1. 撰写产品微信朋友圈新客互动文案，搭配合适的图片，引导新老客户进行产品购买； 2. 撰写"新品抢购""福利促销""推粉奖励"企业微信福利群文案，进行社群营销； 3. 撰写企业微信公众号推文，对新老客户进行引流
自我检查	确认签名：
组长意见	确认签名：
部门验收人	确认签名：

项目目标

➤ **素质目标**

1.通过以农产品案例贯穿章节内容，辅以"乡村振兴"真实案例，渗透"乡村振兴"政策概念。

2.通过展示非公有制经济发展相关案例，让学生了解国家"鼓励、支持、引导非公有制经济发展"的政策。

➤ **知识目标**

1.掌握朋友圈文案的撰写技巧。

2.掌握微信群文案的撰写技巧。

3.掌握微信公众号文案的撰写技巧。

➤ **能力目标**

1.能结合企业推广目标、产品特点撰写微信朋友圈文案。

2.能结合企业推广目标、产品特点撰写微信群文案。

3.能结合企业推广目标、产品特点撰写微信公众号文案。

NO.1

任务一

微信朋友圈文案

任务描述

根据文案工作任务单，撰写产品微信朋友圈新客互动文案，搭配合适的图片，促进新老客户在一加水果店购买产品。要求推送内容涵盖3个以上产品卖点。

知识储备 🛒

一、微信朋友圈的主要组成要素

朋友圈是我们在运营私域过程中，打造微信（企业微信）人设、展示产品的重要环节。利用微信朋友圈进行营销，最好采用图文结合的方式。图文结合的朋友圈，蕴含丰富的信息量，能更好地达到营销目的。其构成包含文案和配图两部分。

二、微信朋友圈内容选择

发布微信朋友圈可以采用"二八法则"：产品和广告相关的内容控制在20%；剩下的生活化内容、产品相关的专业内容、用户互动的内容可以占到80%，从而打造一个接地气、专业、有信任度的朋友圈人设。

1.产品相关内容

与企业、品牌、产品相关的内容，是让用户转化、产生复购的关键文案。这一板块的内容可以在介绍产品属性的同时，增添使用技巧、知识科普、趣事分享等内容；或展示买家秀，让用户有一个正面感知，清楚了解产品的情况；或借助权威的第三方，展示自身的专业性，证明自己是值得信赖的。突显微信号在产品所在领域的专业性，让用户感受到添加这个微信号的附加价值。

2.生活化内容

围绕所建立的IP人设打造朋友圈，塑造一个真实存在的人，增加用户对微信号的信任感。生活化的内容是拉近用户与企业微信人设的重要环节，它会让用户觉得微信号是一个活生生的、热爱生活和工作的朋友。在生活化内容的选择上，可以发布一些生活的小点滴、对热点事件的看法、自己的兴趣爱好、朋友聚会、公司的活动等。

微课：微信
朋友圈内容
选择

3.用户互动内容

用户的互动，不仅能增加用户对品牌的参与感，还可以筛选出一些意向用户，进行重点跟进和维护。互动的内容可以是抽奖、送福利、新品试用、用户调研等。

✎ 小试身手

根据以下朋友圈案例，分析哪些是产品相关内容、生活化内容、用户互动内容，将文案抄写下来。

朋友圈文案	内容类别	关键内容
乐城WO 希望这个春天 跟你见面的第一句 是：嗨"你又美了" 案例1	产品相关内容	

续表

朋友圈文案	内容类别	关键内容
案例2	生活化内容	
案例3	用户互动内容	

三、用户分层

发布微信朋友圈时，可以根据标签进行筛选，差异化运营可以取得更好的转化效果。可以根据用户消费习惯、成交意向、新老客户等进行分组，什么样的内容发给什么样的用户，做到一一对应，才能更好地促成下单。

四、微信朋友圈文案撰写技巧

微信朋友圈作为一个社交平台，人们更愿意接受碎片式的阅读形式，因此，对于微信软文营销人员来说，文字篇幅应精简，对产品特点的关键字进行凝练，表达更加直接，让人一目了然。

微信朋友圈虽然没有文案字数限制，但如果发布的内容太长，就会发生"折叠"，只能显示前几行文字，读者必须点击"全文"才能看到余下内容，因此，文字过长，会影响读者的阅读体验。一般来说，最好利用前3行来吸引读者的注意，文案展示的内容不要超过6行。

为了突出产品的卖点，增加微信朋友圈软文的可读性，可以借助"表情"图案来丰富微信朋友圈文案。爱媛果冻橙微信朋友圈营销如图3.1.1所示。

图3.1.1　爱媛果冻橙微信朋友圈营销

素养提升

山西：建起"田间课堂"助力乡村振兴（节选）

昔阳县界都乡设立"田间课堂"，把党的二十大精神带到生产一线。课堂结合乡村振兴，围绕农村变化、基层治理等与群众息息相关的内容，用喜闻乐见的形式宣讲党的二十大精神，让村民在丰收的喜悦里聆听党的"好声音"，感受党的好政策，共话幸福美好生活。

"田间课堂"宣传小分队来到界都乡柏叶底村，一边向正在晾晒连翘茶的村民传授先进的连翘种植技术，一边以发展连翘种植产业为切入点，向村民宣讲党的二十大精神。

连翘茶是以连翘为主材的一种饮品。柏叶底村依托自然资源优势，积极发展连翘种植，并吸引某大型企业投资300余万元成立农业开发有限公司，占地600余平方米，采用"企业＋村集体＋合作社＋农户"的发展模式，形成集种植、管理、采购、加工、销售为一体的一条龙产业发展链条。

"党的二十大报告提出，坚持农业农村优先发展。无疑给我们吃了颗'定心丸'，更加坚定了我们扎根农村、发展农业的信心。"柏叶底村党支部书记王霞军信心十足地告诉记者，下一步，柏叶底村将深入贯彻落实党的二十大精神，继续发展连翘种植产业，利用"经纪人"队伍，带领老百姓扩大采摘范围，发挥"主场"优势，依靠连翘茶生产加工基地收购连翘青叶、果实，让连翘真正成为壮大村集体经济的"创收宝"。

（资料来源：中共中央宣传部"学习强国"学习平台，有删减）

五、微信朋友圈配图选择技巧

微信朋友圈营销的一个优势在于，可以选择图文结合的方式。朋友圈的图片，不仅能丰富读者的阅读体验，更是对朋友圈文案的说明和补充。因此，朋友圈图片的选择至关重要。

选择朋友圈的图片，最好能保证图片风格一致、色调一致；图片表达的内容必须与文案保持一致；一般来说，为了使朋友圈软文排版更好看，会选择添加3张、6张或9张图片；将产品图片放进朋友圈之前，应该对图片进行精修，使之看起来更加精致；如果能在图片上适当添加产品的关键信息，是强化卖点、补充说明、吸引消费的一种不错的方法。酸奶微信朋友圈营销如图3.1.2所示。

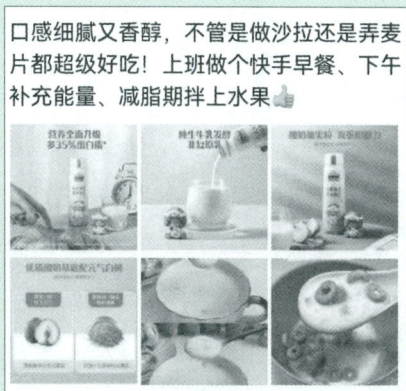

图3.1.2　酸奶微信朋友圈营销

六、微信朋友圈发布时间技巧

微信朋友圈发布时间和公众号推送文章差不多，即选择用户时间比较充裕的时候集中发布，以下推荐4个微信朋友圈发布的黄金时间段，见表3.1.1。

表 3.1.1　微信朋友圈发布的黄金时段

时间段		用户行为
早上	7：00—9：00	起床、吃早饭、上班路上
中午	11：00—1：00（下午）	吃午饭、午休
下午	5：00—7：00	下班路上
晚上	9：00—11：00	临睡前

七、巧用微信朋友圈评论区

如果微信朋友圈的内容实在没办法再精简凝练，还可以借助微信朋友圈评论区，通过评论功能将更多信息传递给读者。虽然评论区不会因篇幅而"折叠"，但也不宜篇幅过长，通常是对文案进行简单的补充，或者是对关键卖点的进一步强化。某烧饼微信朋友圈营销如图3.1.3所示。

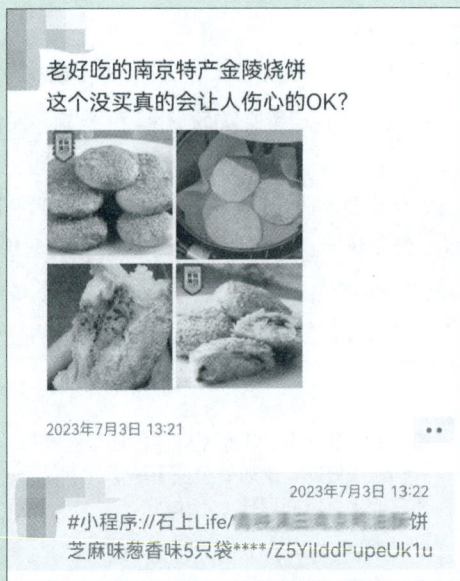

图3.1.3 某烧饼微信朋友圈营销

任务分析 🛒

在进行知识储备学习后，文案小组进行了任务分析、讨论，主要涉及以下几个问题：

1.了解客户需求，明确营销目的。
2.产品的卖点有哪些？
3.目标人群是哪些？
4.微信朋友圈文案篇幅应该多长？每个卖点分配多少字数进行描述？
5.微信朋友圈文案排版有什么技巧？
6.一般为微信朋友圈文案选择几张配图？如何选择配图？
7.微信朋友圈应选择什么时间进行发布？
8.微信朋友圈发布后，后续要如何管理？

任务实施 🛒

通过任务分析和讨论，按以下步骤完成任务。

步骤一：明确客户需求。

通过导入任务了解到，甲方进行微信平台推广，是为店铺进行新客户引流，提高老客户复购率，开展社群营销。跟进店铺的促销需求，针对新老客户设计送福利活动，强化"拉新人活动"——新老粉丝同享6折，满员即止。

步骤二：提炼及筛选产品卖点。

运用九宫格强化思维法，提炼及筛选出产品的主要卖点。产品相关标签见表3.1.2，目标人群相关标签见表3.1.3。

表3.1.2　产品相关标签

清甜可口	新老粉丝同享6折	现切装盒送货到家
正宗海南	A级麒麟瓜	清凉解暑
三无退款	皮薄肉多	好评如潮

表3.1.3　目标人群相关标签

上班族	家庭主妇	中等收入
吃货	目标对象：中等收入的中、青年人群	实惠
新鲜	高品质	小区

结合"产品相关标签"和"目标人群相关标签"的九宫格组合，提炼A级麒麟瓜的卖点，得到以下文案组合：①皮薄肉多，清甜可口，吃货必冲；②正宗海南A级麒麟瓜，品质选择；③新老粉丝同享6折，实惠到家。

步骤三：撰写微信朋友圈文案。

根据提炼的主要卖点，撰写微信朋友圈文案如下：

！！！老客带新客，新老同享6折！！！

正宗海南A级麒麟瓜，品质选择。

原价9.9元/kg（带皮），折后5.9元/kg，实惠到家。

皮薄肉多，清甜可口，吃货必冲。

夏日必备，清凉解暑。

步骤四：选择微信朋友圈配图。

根据提炼的主要卖点，配合文案，自行拍摄产品图片，并请供应商提供部分图片，最终选择以下图片并进行精修。

步骤五：发布微信朋友圈。

检查文案是否有错漏、图片是否清晰，选择下班时间17：00进行发布，使下班人群在这个时间段可以浏览、下单，进家门前即可到店取货，方便高效。

步骤六：微信朋友圈的后续管理。

关注朋友圈动态，如有客户咨询应及时回复。

同步实训 🛒

一加画材店为主推产品在微信平台进行推广宣传，请你为该产品撰写一条产品知识朋友圈（图文结合），在表3.1.4中填写完成情况。

表3.1.4　铝合金画架微信朋友圈

产品名	铝合金画架	管径	20 cm
材质	铝合金	颜色	黑色、银色、粉色
质量	0.82 kg	高度	75~160 cm
价格	35 元	店铺服务	
特点	免安装、便携、稳固		

产品信息

明确客户需求	
提炼及筛选产品卖点	
撰写微信朋友圈文案	
选择微信朋友圈配图	
确定微信朋友圈软文内容	

NO.2

任务二

微信群文案

任务描述 🛒

根据"项目引入"中的文案工作任务单,撰写产品企业微信粉丝群文案,在"一加水果店粉丝福利群"进行社群营销。要求分别推送"新品抢购""福利促销""推粉奖励"3条企业微信群信息,并配上相应的图片。

知识储备 🛒

社群营销是一种使用网络社交平台宣传产品或服务的营销方式。

企业微信是近两年企业进行社群营销的主要平台之一。企业微信群可以实现一对多的沟通,已经成为企业和消费者进行互动交流的重要场所。

一、企业微信群营销的目标

社群营销,说到底是与人打交道。首先要明确营销目标,才能准确地将营销目标与目标人群进行匹配。

企业微信群营销的目标主要有销售产品、提供服务、打造品牌、拓展人脉、聚集兴趣。

二、明确企业微信群目标人群

根据企业微群营销定立的目标和产品特点,进行目标人群分析,明确用户画像,后续进行的用户匹配、分类建群、行为转化,客户裂变就能够顺理成章、事半功倍。

三、企业微信群的类型

以产品销售为营销目标,常见的微信群分类有三大类:

1.引流群

引流群可以利用低价产品吸引用户,用户购买低价产品进入社群之后,在社群内体验产品和服务,然后转向高价产品。

2.福利群

福利群就是将用户添加到群里,在群里提供免费的福利。比如,提供优惠券,专属秒杀活动等,不需要设计太复杂的运营流程。

3.快闪群

快闪群是通过某次活动,在短时间内聚拢消费者到私域流量池中,完成变现动作。活动结束后即要解散社群。

四、企业微信群的内容规划

要保证企业微信群的活跃,优质的内容输出是必不可少的,这也是企业微信群保持活跃的最好触媒。如何生产企业微信群内容，保证优质内容输出，下面从内容分类、内容说明、内容来源、参考案例4个方面进行说明，见表3.2.1。

表 3.2.1　企业微信群的内容规划

内容分类	内容说明	内容来源	参考案例
产品输出	日常团购、秒杀等促销活动；好物分享、用户好评、种草	原创	
知识及价值观输出	与产品相关的知识分享；与企业价值观相同、相近的价值观推送	原创、转载、征集	
互动	小游戏、抽奖等	原创	
服务	答疑、产品推荐、售后等	原创	

微课：企业微信群的内容规划

小试身手

请根据以下产品的推广需求，撰写一条好物分享、一条知识分享的微信群文案。

品名：××烟氨酸补水保湿身体乳 产品特点：赶走鸡皮疙瘩；专利美白配方（含5%烟氨酸）；迅速渗透，快速补水；72小时持久留香 产品属性：玉龙茶香、花漾甜心、女王玫瑰 价格：68元/500 mL 用户画像：25~35岁、月收入在8 000~15 000元的职业女性	

微信群文案：	
好物分享：	
知识分享：	

五、企业微信群日常维护及内容优化

要保持企业微信群的活跃度，达到企业微信群营销效果，企业微信群日常维护必不可少。企业微信群的日常维护可以制订相应的社群SOP（标准作业程序），提升企业微信群日常维护效率。某企业微信群的日常维护见表3.2.2。

表3.2.2　某企业微信群的日常维护

时　间	内　容	目　的
7：30—8：30	早安问候－知识及价值观输出： 正能量话题、心情展示、品牌态度展示、热点话题、幽默笑话	建立微信群IP和企业形象
11：00	签到活动－产品输出： 提醒签到、活动信息、强化产品卖点	促进销售

续表

时　间	内　容	目　的
13：00—16：00	限时秒杀－产品输出： 活动信息、强化产品卖点	促进销售
17：00—18：00	产品知识－知识及价值观输出： 产品知识、品牌态度展示	建立微信群IP和企业形象
19：30	游戏互动—互动： 有奖竞猜、抽奖、1元起拍	促销销售；活跃群气氛

注：①及时回复粉丝信息，随时进行答疑、产品推荐；②新人入群欢迎信息；③群广告清理（群成员发广告及时清理群成员和广告）。

内容优化就是对已经发送过的内容进行分析。主要包括两类：第一，选取用户打开率最高、评论率最高、最喜欢互动的内容，提升此类内容的频率；第二，分析用户互动率较低、不喜欢的内容，原因是什么，减少此类内容的频率。

任务分析 🛒

在进行了"知识储备"学习后，文案小组进行了任务分析、讨论，主要涉及以下几个问题：

1.分析一加水果店企业微信福利群的营销目标。

2.分析一加水果店企业微信福利群的目标用户。

3.产品的卖点有哪些？

4.一加水果店企业微信福利群可以推送哪些内容？侧重推送哪个类型的内容？

5.一加水果店企业微信福利群应该如何进行日常维护？

任务实施 🛒

通过任务分析和讨论，按以下步骤完成任务。

步骤一：分析企业微信福利群的营销目标。

企业微信福利群主要是在群里提供免费的福利，比如提供优惠券、专属秒杀活动等。因此，企业微信福利群的营销目标应为产品销售。

步骤二：分析企业微信福利群的目标用户。

根据企业微信福利群的营销目标，结合运营数据，分析企业微信福利群主力用户为中等收入的中、青年女性。他们有较好的收入，能负担相对较高的消费，但平时料理家务的时间较少，有较高品质的生活追求，要求采购具有便利性。

步骤三：提炼及筛选产品卖点。

运用九宫格强化思维法，提炼及筛选出产品的主要卖点。产品相关标签见表3.1.2，目标人群相关标签见表3.1.3。

结合"产品相关标签"和"目标人群相关标签"的九宫格组合，提炼A级麒麟瓜的卖点，得到以下文案组合：

①正宗海南A级麒麟瓜，新鲜到货。

②好评如潮，品质选择。

③皮薄肉多，清甜可口，吃货必冲。

④新老粉丝同享6折，实惠到家。

⑤现切装盒，送货上门，开袋即食。

步骤四：撰写一条企业微信福利群产品输出内容：

"日常促销"消息：

海南A级麒麟瓜新鲜到货。

皮薄肉多，清甜可口，吃货必冲。

好评如潮，品质选择。

现切装盒，送货上门，开袋即食。

9.9元/kg（带皮），新老粉丝同享6折，实惠到家。

！！！快来抢购！！！

步骤五：企业微信群日常维护。

SOP设计见表3.2.3。

表 3.2.3　SOP 设计

时　间	内　容	目　的
8：30—9：00	早安问候－知识及价值观输出： 正能量话题、心情展示、品牌态度展示、热点话题、幽默笑话	建立微信群 IP 和企业形象
12：00—13：30	游戏互动－互动： 有奖竞猜、抽奖、1 元起拍	活跃群气氛，促进销售
17：30—19：00	限时秒杀－产品输出： 活动信息、强化产品卖点	促进销售
21：00	促销预告－产品输出： 次日促销预告	促进销售

注：①及时回复粉丝信息，随时进行答疑、产品推荐；②新人入群欢迎信息；③群广告清理（群成员发广告及时清理群成员和广告）。

同步实训 🛒

一加画材店为主推产品在微信平台进行推广宣传，请你为一加画材店企业微信引流群撰写一条产品输出内容，进行客户引流，在表3.2.4中填写完成情况。

表 3.2.4　铝合金画架企业微信群营销

产品信息	 黑色　银色　粉色		
	产品名	铝合金画架	管径	20 cm
	材质	铝合金	颜色	黑色、银色、粉色
	质量	0.82 kg	高度	75~160 cm
	价格	35 元	店铺服务	
	特点	免安装、便携、稳固		

分析企业微信福利群的营销目标	
分析企业微信福利群的目标用户	
提炼及筛选产品卖点	
撰写一条企业微信引流群产品输出内容	
企业微信群日常维护 SOP 设计	

NO.3　　　　　　　　　　　　　　　　　　　　　　　　　　　　**任务三**

微信公众号文案

任务描述 🛒

根据"项目导入"中文案工作任务单的要求,撰写产品微信公众号文案,在一加水果店微信公众号进行投放,对新老客户进行引流。要求公众号文案内容完整,有相应的配图,语言表达清晰流畅,无错别字,至少涵盖一个产品卖点。

知识储备 🛒

一、微信公众号类型

如今大多数企业和商家都开通了专属的微信公众号,目的是通过这个平台传播品牌和产品的影响力,从而更好地促进销售。

微信公众平台分为服务号、订阅号及企业号3种类型,不同的平台类型拥有不同的功能,见表3.3.1。

表3.3.1　微信公众号不同类型对应的功能

微信公众号类型	功　　能
服务号	(1)1个月内可以发送1条群发消息; (2)发送给订阅用户的消息,会显示在对方的聊天列表中,并出现在相对应的微信首页; (3)服务号会出现在订阅用户的通信录中,通信录中有一个服务号的文件夹,用户只要点开,就可以查看所有的服务号; (4)服务号可申请自定义菜单
订阅号	(1)24小时内可以发送1条群发消息; (2)发送给订阅用户的消息,将会显示在对方的"订阅号"文件夹中,点击两次即可打开; (3)在订阅用户粉丝的通信录中,订阅号将被放入订阅号文件夹中,用户不用在好友列表里查找; (4)订阅号不支持申请自定义菜单
企业号	(1)主要受众为企业内部员工; (2)一般发布企业告示、新闻、员工注意事项等; (3)消息显示位置出现在好友会话列表首层; (4)有几处消息接口或自定义菜单; (5)有高级接口能力; (6)最高每分钟可群发10 000次

企业或个人可以根据自己的需求选择微信公众号,然后利用微信公众号进行有价

值的软文营销。

二、微信公众号推文标题

撰写公众号文案之前，应该明确其主题内容。根据主题内容，拟定标题，使标题与内容能够紧密相连。无论撰写推文的主题内容是什么，最终目的是吸引用户阅读、评论以及转载，从而带来推文外链。

1.新闻式标题

一般来说，新闻稿比较权威，因此新闻式标题也比较正式、权威。新闻式标题只需清楚描述人物、时间、地点等基本要素即可。新闻式标题直截了当地告知消费者最近发生的某些事实，也可用于介绍新上市产品或生产企业的新措施，目的是引起大众关心而转读正文。

例如，"中国芯"受资本热捧，年内或现多起国际并购案，乔治·阿玛尼6月全线进入中国市场。

2.颂扬式标题

颂扬式标题是指用正面的方法，积极称赞广告产品的优点。这类标题容易给人留下良好的印象，但必须以事实为根据，切忌夸大，否则容易令人反感。

例如，只要30元，孔兰蛋蜜乳，就能使你的脸蜜蜜柔柔，表现个性美。

3.提问式标题

提问式标题通过提出问题引起消费者关注，从而产生兴趣，引发思考，产生共鸣，留下深刻印象。这类标题站在消费者的角度上，提出"为什么"或"怎么办"，促使消费者在购买时进行分析和思考。

例如，如何让你的关键词出现在百度搜索结果的左侧？独家跟踪：整顿之后，互联网电视盒子咋样了？

4.对比式标题

对比式标题是指通过与同类产品的对比，突出本产品的优势，加深消费者的认识。

例如，诺基亚的今天难道会是小米的明天？国内"三大搜索"：三国鼎立or蜀吴抗曹。

5.总结式标题

总结式标题一般属于经验分享式的软文，吸引人的地方就在于总结性，这是很多读者所喜欢的。

例如，2010年网上最赚钱的十大行业。6个你不知道的奇怪瘦身法。

✎ 小试身手

请选择不同类型的标题设计方法，分别为以下活动设计一个贴切且引人注目的标题。

	活动信息	公众号名称	公众号简介	标题设计方法	文案标题
活动1	三八节鲜花促销活动，99元/束	花里家	秉承"鲜花让生活更美好"的理念，花里家已为百万都市女性提供优质的线上鲜花订购服务。爱自己、爱生活，从一束美好的鲜花开始		
活动2	春节前进行新疆阿克苏苹果促销活动，49元/10斤	来帮扶	这是一个直连农户田间地头与城市消费者餐桌，让市民吃上放心、安全的原生态农副产品，促进乡村振兴、农户增收、城乡共赢的社交电商平台		
活动3	动物园门票促销活动，239元/人，学生享5折优惠，身高1.1米以下儿童免票	隆隆动物园	官方预订保障，优惠福利、游玩攻略抢先get		

三、公众号内容布局类型

公众号内容布局的类型是多样的，不同的布局类型能起到不一样的营销作用。

1.促销式内容布局

促销式内容布局从字面意思来看，就可以知道是一种直白的推广方法。而且对于这种形式的文案布局而言，越直白越好，它是如今企业用得比较多的一种内容布局类型。促销式内容布局的三步法见表3.3.2。

案例分享:《徒步 | 一包三背，时尚百搭又轻便的双肩包，轻松背起周末郊游好心情!》

微课:公众号内容布局类型

表3.3.2　促销式内容布局的三步法

开头	在天气渐暖的日子，██号召各位explorer（探险家），一起走出家门，在近郊游中感受春天的魅力	创设情境

续表

正文	穿上舒适漂亮的LOOK，挑选个明媚的天气， 一切准备就绪，还差什么？ **一个轻便百搭还高颜值的背包，没错啦！** 无论是乘车出行还是自驾， TA都能装下你的所有需要~ 郊野徒步背包　129.9元	产品卖点展示
结尾	**购买方式** ♩ **详情咨询** ✿ 迪卡侬线下商城 ☝ **一键直达** ✿ 官方微信小程序商城 ☝ **打开天猫/京东APP，搜索"迪卡侬旗舰店"**	引导购买

2.新闻式内容布局

新闻式内容布局是指以新闻的大致路径，从不同的角度传递经营理念、品牌理念以及产品特点。新闻式内容布局的三步法见表3.3.3。

案例分享：《香港⇌上海！这场推介会，释放出重要信号》

表 3.3.3　新闻式内容布局的三步法

开头	由上海市虹口区政府主办的 上海北外滩投资环境推介会 2月28日在香港举行 10余家在港商会及社团组织 176家企业 总计超220人参会 作为近期 上海首支"走出去"的政府招商团队 这次推介会不仅在香港引发热度 更释放出了重要信号	交代时间、地点、人物、事件

正文	在推介会上，████委副书记、区长开门见山地表明了此次来港的目的。他表示，希望通过"双城联动"，引进一批高质量、前瞻性的香港院所科技项目，加速推动科技成果转化、科技服务业发展和科创总部集聚，构建北外滩科创总部集聚区和北中环科创产业集聚带。 推介会上，████开发办与香港中华厂商联合会、香港中国商会、香港总商会、香港中华总商会、香港中华出入口商会等5家商会及中国旅游集团有限公司、崇邦集团、安永咨询服务有限公司、仲量联行等4家企业现场签署了战略合作协议，涵盖了旅游、金融、地产等多个领域，将为北外滩建设发展引入源源不断的产业活水。 同日，████沪港投资促进服务中心也正式成立	事件描述
结尾	未来，香港与上海两地将演绎更精彩的"双城故事"。 推介会上，不少香港企业期待能够在上海共享经济、金融、贸易、航运、科创、文旅等领域的投资机会，为沪港两地合作共赢汇添新动力。	提出价值，升华主题

3.故事式内容布局

故事永远都是人们所热衷的，写出一篇好的故事式软文，就能抓住读者的心，赢得他们的认可，从而促进产品的销售。故事式内容布局的三步法见表3.3.4。

案例分享：英语好能给你涨多少工资？

表3.3.4 故事式内容布局的三步法

开头	咳咳，我今年又开始背单词了（真的是好意思说咧） 想起我这些年的学习轨迹，基本上是这样的：学习—坚持—搞别的去了—忘记—重新学习—坚持—忘记……循环往复。	故事的起因/故事的结果
正文	今天中午吃饭时，收到一条银行短信："您的账户于7月29日入账工资，人民币20 125元。" 虽然早在一周前，我已经算出这个月工资要破2万（税后），但当这一刻真的发生时，我依然忍不住握了下拳头，轻轻地喊了一声"Yeah！" 半年前，我还在一个二线城市的国有企业，拿着4 000元/月的工资，每天打卡上班一成不变。半年后的今天，我的月收入已经突破两万，每天都在做自己喜欢并擅长的事情。 这半年来，我经历了很多，也有太多的话想说。 虽然我不知道学英语以后具体有什么用，但是我知道，英语好了，以后肯定有用。 既然现在不知道干什么，不妨就把时间花在学英语上，至少比玩手机有意义吧。	故事的经过（出人意料、一波三折）
结尾	显然，我的担心是多余的，"懂你英语"四个月的沉浸式训练大大提高了我的英语听力，外国人90%的话都能直接听懂，剩下10%稍微比画一下也都理解了，至于看英文图纸、写英文邮件之类，更是不在话下。 前天，我的"懂你英语"为期半年的课程结束了。超额完成学习目标的我，拿到了1 800元奖学金。这个帮助我完成华丽逆袭的课程，竟然没花我一分钱！ 所以，今天的这篇文章，也算是对"懂你英语"课程的感谢，同时 强烈安利给大家。	故事的结果/故事的起因

故事式内容布局最重要的是内容过渡无缝衔接，自然而然地产品植入，要在读者进入故事情节时释放产品信息，达到润物无声的效果。

✎ **小试身手**

请为以下活动撰写促销式、新闻式、故事式3篇不同内容布局的公众号文案。

活动信息	公众号名称	公众号简介
元旦 VIP 年卡特惠活动，128 元 / 年	星星视频	星星视频 VIP 会员，闪亮用户聚集地。我们猖狂，畅享豪华私人影院。我们嘚瑟，近距离接触偶像明星。我们招摇，热门大剧随享随看。我们得意，好礼福利送上门

任务分析 🛒

在进行知识储备学习之后，文案小组进行了任务分析、讨论，主要涉及以下几个问题。

1.一加水果店海南麒麟瓜的卖点有哪些？

2.如果要选择1~3个卖点进行描述，应该选择哪些卖点？

3.针对一加水果店本季主推产品，本期推文的主题是什么？

4.如何撰写一个引人注目的公众号推文标题？

5.一加水果店本期推文应使用何种内容布局？

6.一加水果店本期推文应选择几张配图？选择配图的标准是什么？

7.选择何种排版工具进行排版？选择什么排版风格？

任务实施 🛒

通过任务分析和讨论，按以下步骤完成任务。

步骤一：提炼及筛选产品卖点。

运用九宫格强化思维法，提炼及筛选出产品的主要卖点。

步骤二：确定本期推文的主题。

根据筛选出的产品卖点，找出3个主题方向：产地、季节、口感。经过团队讨论，最后以季节（夏日）作为本期推文的主题，展开营销。

步骤三：为本期推文撰写一个标题。

团队根据"夏日"主题，撰写了如下几个相关标题。

（1）新闻式标题：夏日清凉节，海南麒麟瓜优惠上市。

（2）提问式标题：炎炎夏日，何以解暑？

（3）总结式标题：夏日吃瓜季，你需要知道的5种吃瓜法。

经过团队讨论，认为第一个标题涵盖的产品卖点更多，更贴近消费人群的痛点，刺激消费，最后选择第一个标题。

步骤四：确定本期推文的文案布局，撰写文案。

根据一加水果店微信公众号的推文风格，确定使用促销式内容布局，撰写文案如下。

开头	夏天是什么感觉？ 有人说，是火热的太阳。 有人说，是汗湿的衣服。 有人说，是不期而至的台风。 一加水果店说，是脆爽的冰镇西瓜！	创设情境
正文	一加水果店麒麟瓜，海南直供，品种正宗。经过一加水果店品尝官在全国各地实地考察、筛选，最后为果粉们选择了品种正宗的海南麒麟瓜。供应商按照一加水果店的选瓜标准，专门为一加水果店果粉提供 5~8 kg、成熟度刚好的瓜，直供各大门店，保证水果的品质。 （配图：产地、物流、门店） 一加水果店麒麟瓜，脆爽可口，清甜解渴。一加水果店麒麟瓜口感脆爽，皮薄肉多，口口爆汁，虽不起沙却保持清甜的口感，夏日追剧、朋友聚会、餐后果盘必备！ （配图：全瓜、瓜瓢） 一加水果店麒麟瓜，清凉解暑，夏日必备。用勺挖着吃，切块齐共享，鲜榨西瓜汁，自制西瓜棒冰……一加水果店麒麟瓜，怎么吃都好吃！ （配图：吃法）	产品卖点展示
结尾	夏日清凉，齐齐共享，点击链接，马上下单	引导购买

步骤五：选择本期推文所使用的配图。

列出推文所需配图，与摄影部门沟通后，由摄影部门拍摄或在正规途径查找相应配图（产地、物流、门店）。文案小组根据摄影部门提供的图片筛选出以下图片，如图3.3.1—图3.3.4所示。

图3.3.1　种植实地

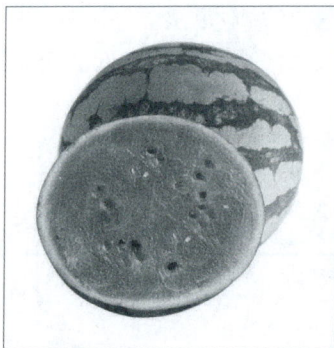

图3.3.2 全瓜   图3.3.3 瓜瓤

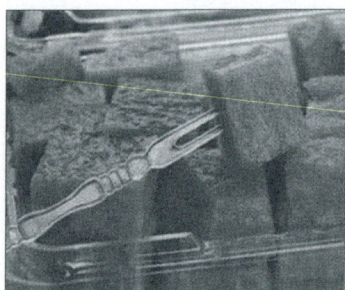 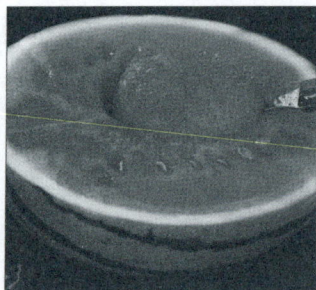 

图3.3.4 吃法

步骤六: 使用秀米编辑器对本期推文进行排版。

登录秀米编辑器,选择合适的模板,进行排版,如图3.3.5所示。

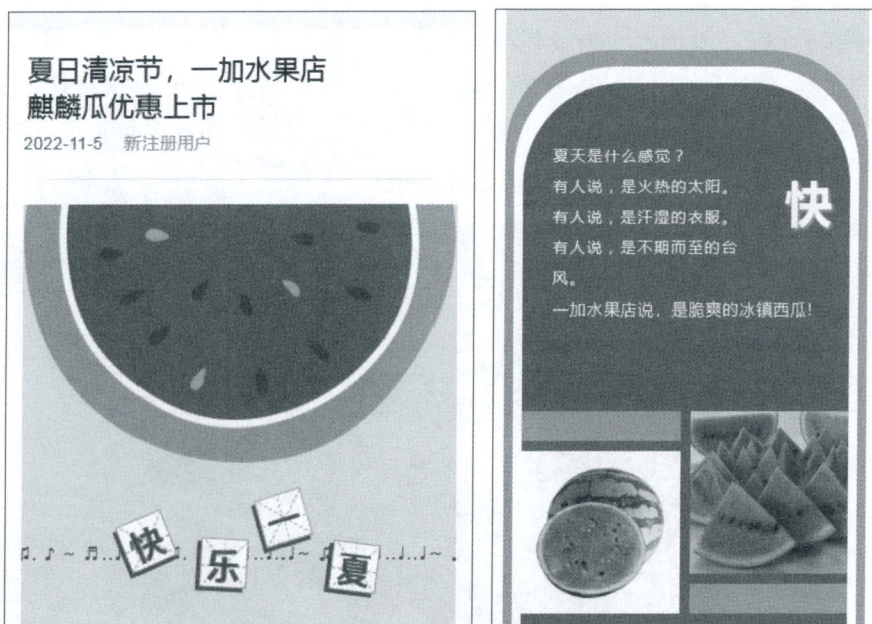

图3.3.5 推文

步骤七：确定推广关键词，发布推文。

使用"百度指数"，搜索本期推文关键词：夏日、吃瓜。

百度搜索指数（图3.3.6）显示，"夏日"和"吃瓜"搜索指数在该时间段差别不大，但"吃瓜"的资讯指数（图3.3.7）明显高于"夏日"。综合考虑，将"吃瓜"作为本次推广关键词，并适当调整标题和文案内容（增加"吃瓜"关键词）。

图3.3.6　百度搜索指数

图3.3.7　百度资讯指数

一加画材店为现主推产品在微信平台进行推广宣传, 请为该产品撰写一篇公众号推文 (图文), 将完成情况填写在表3.3.5中。

表 3.3.5　铝合金画架公众号推文

产品信息				
	产品名	铝合金画架	管径	20 cm
	材质	铝合金	颜色	黑色 / 银色 / 粉色
	质量	0.82 kg	高度	75~160 cm
	价格	35 元	店铺服务	
	特点	免安装、便携、稳固		
提炼及筛选产品卖点（九宫格强化思维法）				
确定本期推文的主题, 为本期推文撰写一个标题				
确定本期推文的文案布局, 撰写文案				
选择本期推文所使用的配图				
优化推文标题				

续表

使用秀米编辑器对本期推文进行排版	
确定推广关键词，发布推文	

项目考核 🛒

唇釉微信推广文案撰写

1.考核目的

通过对本项目的学习，基本掌握微信朋友圈文案、企业微信粉丝群文案、微信公众号文案的撰写。本次考核的主要目的是练习微信平台推广文案的撰写（微信朋友圈、企业微信粉丝群、微信公众号）。

2.考核准备

（1）组队：以小组为单位，4~6人为一组，选出一名组长，分配好组员的工作。

（2）用具：拟推广产品样本；如需拍摄图片，需准备拍摄背景、道具等。

3.考核任务

一加彩妆店计划为唇釉产品进行微信平台周期推广，拟在企业微信朋友圈、企业微信粉丝群、微信公众号进行推送。请你为该产品撰写微信朋友圈、企业微信粉丝群、微信公众号文案。

4.任务步骤

（1）撰写微信朋友圈文案。

①明确甲方需求、朋友圈营销目的。

②提炼及筛选产品卖点。

③撰写朋友圈文案。

④选择朋友圈配图。

⑤形成完整的微信朋友圈软文。

（2）撰写企业微信粉丝群文案。

①分析企业微信粉丝群的营销目标。

②分析企业微信粉丝群的目标人群。

③提炼及筛选产品卖点。

④撰写一条企业微信粉丝群知识及价值观输出内容。

⑤设计一个企业微信群SOP，便于日常维护。

（3）撰写微信公众号文案。

①提炼及筛选产品卖点（使用微信朋友圈文案提炼卖点即可）。

②确定本期推文的主题。

③为本期推文撰写一个标题。

④确定本期推文的文案布局,撰写文案。

⑤选择本期推文所使用的配图。

⑥使用秀米编辑器对本期推文进行排版。

⑦确定推广关键词,发布推文。

5.任务实施

任务实施具体内容见表3.3.6—表3.3.8。

表 3.3.6　唇釉朋友圈营销（使用电子表完成）

明确甲方需求	
提炼及筛选产品卖点	
撰写朋友圈文案	
选择朋友圈配图	
确定朋友圈软文内容	

表 3.3.7　唇釉企业微信粉丝群营销（使用电子表完成）

分析企业微信粉丝群的营销目标	
分析企业微信粉丝群的目标人群	
提炼及筛选产品卖点	
撰写一条企业微信粉丝群产品输出内容	
企业微信群日常维护 SOP 设计	

表 3.3.8　唇釉公众号文案（使用电子表完成）

提炼及筛选产品卖点（九宫格强化思维法）	
确定本期推文的主题，为本期推文撰写一个标题	
确定本期推文的文案布局，撰写文案	
选择本期推文所使用的配图	
优化推文标题	
使用秀米编辑器对本期推文进行排版	
确定推广关键词，发布推文	

6.考核评价

评价指标	分数	评价说明	自我评价	小组评价	教师评价
作品评价（50分）					
挖掘及筛选产品卖点	5分	合理地挖掘产品的卖点（7个以上），并根据产品推广需求筛选产品卖点			
微信朋友圈文案	10分	文字表达流畅，无错别字，涵盖3个以上产品卖点，篇幅、排版合理，有与内容相应的精美配图			
企业微信粉丝群文案	10分	文字表达流畅，无错别字，侧重点突出，篇幅、排版合理，有与内容相应的精美配图			
微信公众号文案	20分	文字表达流畅，无错别字，涵盖3个以上产品卖点，文章结构合理，排版精美，有与内容相应的精美配图			
文案创意	5分	文案表意清楚，有创新性			
完成态度（30分）					
职业技能	10分	符合工作需求，能够拓展相关知识，并通过新颖独特的形式加以展示			
工作心态	10分	有信心，努力做好工作，能完成工作			
完成效率	10分	在规定时间内按质按量地完成分配的任务			
团队合作（20分）					
沟通分析	10分	主动提问，快捷有效地明确任务需求			
团队配合	10分	快速地与团队成员合作完成任务			
计分					
总分（按自我评价30%，小组评价30%，教师评价40%计算）					

项目四

微博文案 ·· □

项目导入

文案策划部王华发出一任务，要求为某品牌官方旗舰店策划一款蓝牙耳机的微博文案，为店铺高效低成本地传播产品，提高销量和转化率，文案工作任务单如下表。

文案工作任务单

任务发布人	王华	接收时间	
		交稿时间	
文案名称	蓝牙耳机的微博文案		
文案展示平台	淘宝□	微信□	微博☑
	抖音□	小红书□	QQ□
	知乎□	B站□	今日头条□
	其他：		
提供资料	产品信息		

品牌	××者	型号	EDF200073
耳机材质	塑料	功能	通话功能、支持音乐
蓝牙版本	5.3	声道	2.0
耳机类别	真无线耳机	颜色分类	云岩白、典雅黑、烟灰粉、雾霾
防水性能	IPX4	防尘性能	IP5X
使用方式	半入耳式	是否有麦克风	是
传输半径	10 m	是否线控	否
是否单双耳	双边立体声	工作时长	约 7 h（耳机）+21 h（充电盒）
保修期	12 个月	耳机左右腔体间连接方式	无线连接
上市时间	2021-11-29	耳机与播放设备连接方式	蓝牙连接
套餐类型	官方标配，套餐一、套餐二、套餐三、套餐四、套餐五		
卖点	超长传输、持久续航、单双耳无缝切换、防滑防汗		
原价	169 元	现价	119 元

文案要求	1.精准目标客户群，提炼产品卖点，撰写产品微博。 2.撰写蓝牙耳机产品的微博短微博，含至少添加一个 @ 或 # 或链接。 3.撰写蓝牙耳机产品的微博头条文章，含至少添加一个 @ 或 # 或链接
自我检查	确认签名：
组长意见	确认签名：
部门验收人	确认签名：

项目目标

➤ **素质目标**

1.通过蓝牙耳机等数字产品的案例学习，增强学生质量强国、数字强国的爱国情怀。

2.通过背包微博文案的发布，发扬奥林匹克运动精神，倡导运动强身健体，追求快乐生活。

➤ **知识目标**

1.掌握短微博的写作方法。

2.掌握微博头条文章的写作方法。

➤ **能力目标**

1.能搜集指定产品的优秀微博文案案例。

2.能独立写作蓝牙耳机产品的微博短微博、头条文章，并发布微博。

NO.1

任务一
短微博

任务描述

根据"项目导入"中的文案策划部发出的文案工作任务单，要求策划一款蓝牙耳机的微博文案，文案专员李明需要完成两个任务。任务一是写作蓝牙耳机的短微博文案，任务二是写作蓝牙耳机的头条微博文案。

知识储备

微博用户众多，很多商家会在微博上开展营销活动。

一、什么是微博文案

微博（MicroBlog）是一个基于用户关系进行信息分享、传播以及获取的平台。用户可以通过网络、无线等各种客户端组建个人社区，以一段文字更新信息，并实现即时分享。

微博文案就是利用微博进行创作，在微博上进行某些物品或者事件的推广宣传。

二、微博文案的规范

1.关于字数

微博以140字为限。超过140字也能发布，但不会完全展示，超过的部分会被隐藏，用户点击"展示全文"，就可以看到全文。

2.关于图片

图片可以发布18张，超过9张不能完全展示，超过的部分会被隐藏，在图片的右下角会显示收起图片的数量，用户点击进去，就可以看到全部图片。

3.关于@、#和链接

（1）@：至少提到一个微博用户，以确保文案会被看到，如果文案提到明星或大V，可以@他们，这样可以提高曝光度，也可能会得到他们的回应，增加人气。

（2）#：参与微博话题，让微博更容易被搜索到，可以提高微博被粉丝之外的人看到的概率。"话题"就是微博搜索时的关键字，其书写形式是将关键字放在两个#号之间，后面再加上想写的内容。

（3）链接：在微博文案中可以插入链接，这样可以提升转发率。将链接放在文案的1/4处，点击率最高。

例如，五芳斋官方微博发布微博时，添加了@五芳斋@伊刻活泉，添加了话题#一拧一摇，新鲜现泡#，添加了🔗抽奖详情，如图4.1.1所示。

图4.1.1　关于@、#和链接

三、什么是短微博文案

微博文案一般分为短微博、头条文章和话题三种形式。短微博文案是可以直接在微博首页文字输入框中输入，文字限制在2 000字以内，但是一般以140字为最佳，内容方面比较随意。它还可以补充图片或视频的文字内容，以充分传达信息。

例如，短微博文案范文——德芙&奈雪の茶

奈雪联名加秋天的第一杯奶茶热点 何必求他们#喝奶茶请小声一点#？#秋天的第一杯奶茶#我们帮你安排! 德芙×@奈雪的茶Nayuki 全新联名款——Q弹软心啵啵丸巧克力! 第一波可以嚼的"小颗奶茶"! Q弹软糖夹心，包裹丝滑巧克力，吃出浓浓奶茶香，跨界好味"珠"联璧合!

四、短微博文案的特点

短微博文案的特点主要有以下五点。

1.短小精悍

短微博文案通常不超过140字，这就要求文案必须短小精悍、言简意赅，能在有限的字数内表达出文章的主题和情感。

2.语言通俗易懂

短微博文案要求用浅显易懂的文字来表述，使读者快速接受文章的思想，达到快速传播的目的。

3.主题明确

短微博文案的主题必须让读者一眼就能看出文案所要表达的内容。

4.具有创意性

短微博文案要具有创意性，能够在简短的文字中吸引读者的眼球，让他们产生共鸣。

5.注重情感表达

短微博文案通常用来表达情感和态度，要求文案必须能够引起读者的情感共鸣。

6.注重社交性

短微博文案在社交媒体上分享，要求文案必须符合社交媒体的特点，注重社交性和互动性。

总之，短微博文案需要具备言简意赅、通俗易懂、主题明确、创意性、情感表达和社交性等特点，才能在激烈的社交媒体竞争中脱颖而出。

五、短微博文案的类型

短微博文案的类型多种多样，按产品营销内容的种类来分，主要有如下三类。

1.品牌推广类

此类短微博侧重于宣传品牌，展现品牌的实力和良好形象。品牌推广类短微博文案一般包含品牌理念、口号、故事、形象、历史简介等。图4.1.2所示的品牌推广类短微博文案包含了品牌介绍、企业文化、品牌诠释等。

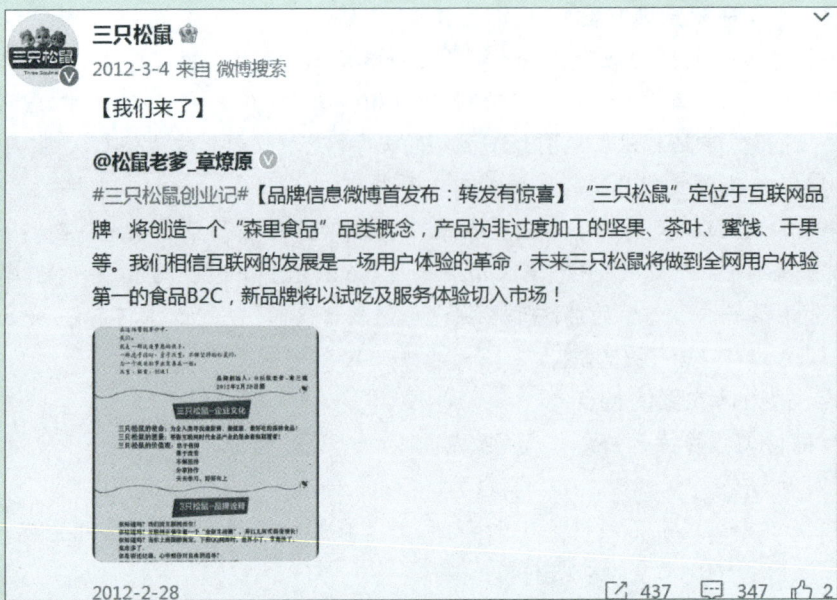

图4.1.2 品牌推广类短微博文案

![素养提升]

充分认识质量强国建设的重要性和紧迫性

习近平总书记强调:"质量是人类生产生活的重要保障。人类社会发展历程中,每一次质量领域变革创新都促进了生产技术进步、增进了人民生活品质。"质量问题既是民生问题又是发展问题,关系人民群众切身利益,关乎经济社会发展全局。

从国际看,随着新一轮科技革命和产业变革深入发展,大国竞争的重点逐渐由总量规模的较量转向质量水平的竞争,我国发展面临新的机遇和挑战。加快建设质量强国,增强我国质量水平和竞争力,是在新一轮科技革命和产业变革中把握新机遇、迎接新挑战的战略选择。

党的十八大以来,我国的质量强国建设事业取得了历史性成就,充分体现中国特色社会主义制度的显著优势。在习近平新时代中国特色社会主义思想的指引下,我们党准确把握质量工作面临的形势和任务,将质量强国建设作为构建新发展格局的重要抓手,将质量提升贯穿经济社会发展的各个方面和环节,推动中国制造向中国创造转变、中国速度向中国质量转变、中国产品向中国品牌转变,为实现经济社会高质量发展打下坚实基础。

(资源来源:《光明日报》,有删减)

2.内容分享类

此类短微博侧重于通过分享内容来吸引用户关注,以获取流量。内容分享类短微博文案一般分享有趣、搞笑、实用等内容。如图4.1.3所示的内容分享类短微博文案,包含了分享"@北京迪信通官方微博"发布的内容。

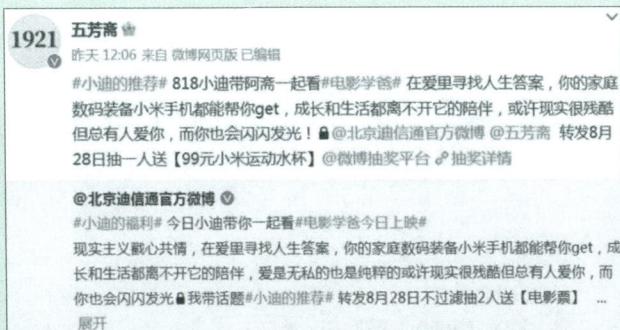

图4.1.3　内容分享类短微博文案

3.产品销售类

此类短微博侧重于直接推销产品，其发布的内容主要是对产品的介绍。产品销售类短微博文案一般包含产品价格、产品名称、产品卖点、优惠活动等。如图4.1.4所示的产品销售类短微博文案包含了产品价格"14.9元"，产品名称"粽子"，产品规格"6荤6素12个1440 g"，产品卖点"馅料丰富"。

图4.1.4　产品销售类短微博文案

✏️ **小试身手**

短微博文案的类型有品牌推广类、内容分享类、产品销售类，请分析下面三个短微博文案，讨论它们分别属于哪种类型。

案　例	类　型

续表

案　例	类　型

六、如何发布微博

1.PC端发布微博（图4.1.5）

（1）打开计算机，登录微博。

（2）在微博首页顶部编辑区域编辑，可以添加表情、图片、视频、@、#话题、网页链接等。

微课：如何
发布微博

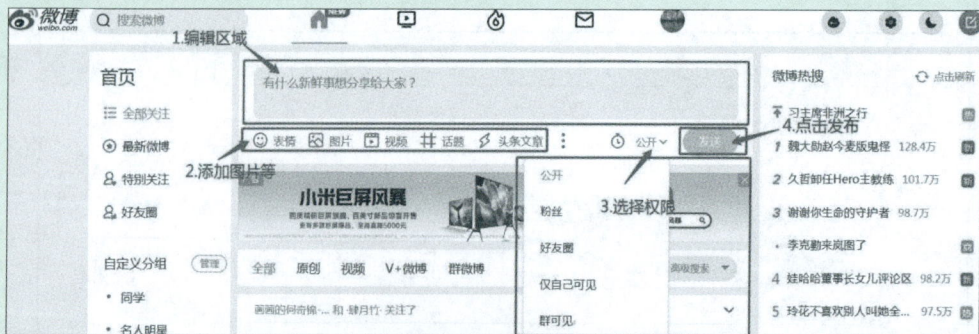

图4.1.5　PC端发布微博

（3）点击"发送"，完成发布。

2.手机发布微博（图4.1.6）

（1）打开手机，点击微博。

（2）在主界面，点击右上角的加号+，选择"写微博"。

（3）在编辑区域编辑，在下方可以添加表情、图片、视频、@、#话题、网页链接等。

（4）选择发布权限。

（5）点击"发布"，完成发布。

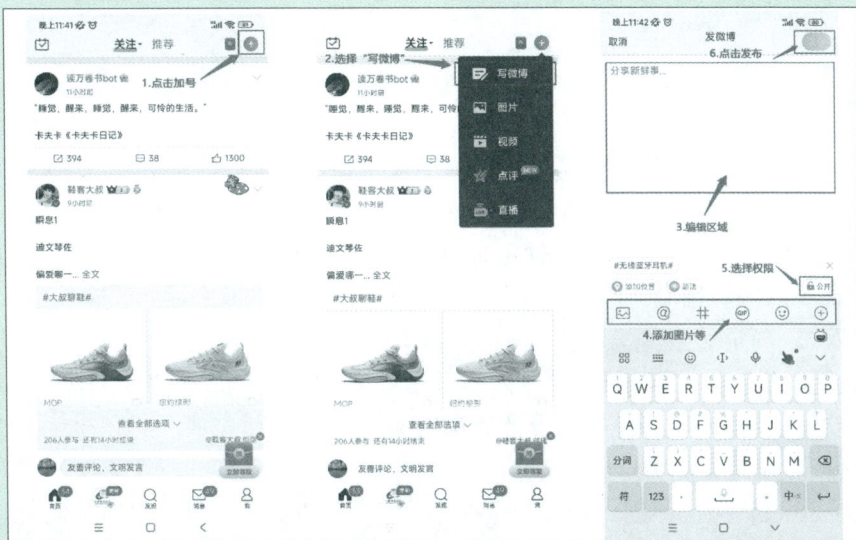

图4.1.6　手机发布微博

✎ 小试身手

请根据所给的素材，按要求发布一篇关于蓝牙鼠标的短微博。要求：

1.根据所给文案发布，并发布6张图片；

2.在PC端发布；

3.发布后，截图上交。

素材位置：项目四任务一 小试身手素材

🛒 任务分析

通过知识储备的学习，为了完成一款蓝牙耳机的短微博，文案小组进行了任务分析、讨论，主要涉及以下几个问题：

1.了解客户需求，明确营销目的。

2.短微博选择哪种类型？

3.目标客户群是哪些群体？

4.自身产品有哪些卖点？

5.竞争对手产品有哪些卖点？

6.产品参加什么优惠活动？

7.产品@喊话和#话题是什么？

8.确定短微博文案内容。

9.选择图片素材。

10.完成短微博的写作和发布。

任务实施 🛒

通过任务的分析和讨论，按以下步骤完成任务。

步骤一：了解客户需求，明确营销目的。

根据项目任务要求，策划这款蓝牙耳机的短微博文案是为了店铺能高效低成本地传播产品，提高销量和转化率。

步骤二：确定短微博类型。

微博营销内容有品牌推广类、内容分享类、产品销售类三种。根据店铺的营销目的，确定微博营销内容的种类选择产品销售类。

步骤三：确定目标客户群。

登录360趋势查找蓝牙耳机目标客户群需求分布（图4.1.7），得出：蓝牙耳机的目标客户群是青年男女。

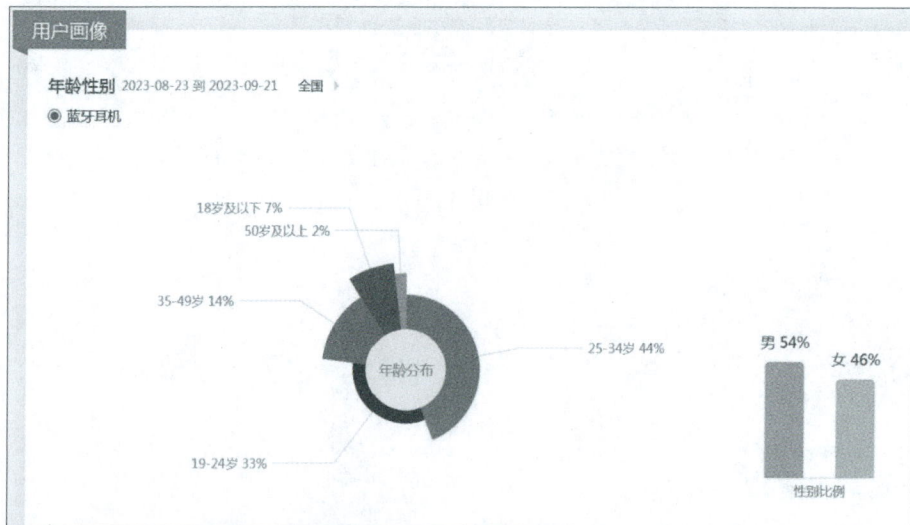

图4.1.7 蓝牙耳机目标客户群需求分析

步骤四：提炼产品卖点。

根据产品信息，提炼出这款蓝牙耳机的卖点是：超长传输、持久续航、单双耳无缝切换、防滑防汗。

步骤五：了解用户需求及关注点。

从多个电商平台了解的蓝牙耳机客户评价如图4.1.8所示。如图可知，买家主要关心外观材质、续航能力、充电速度、音质、便捷等。

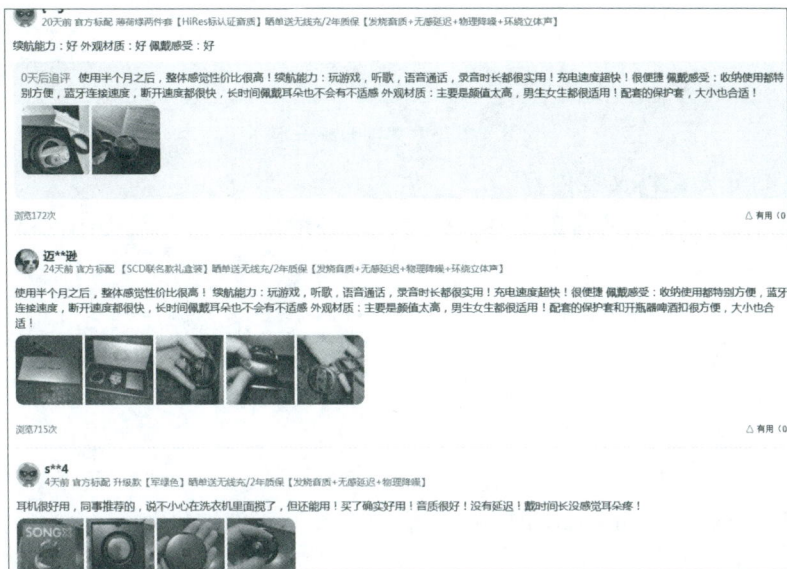

图4.1.8　蓝牙耳机竞品客户评价

步骤六：确定产品参加的优惠活动。

根据产品信息，这款蓝牙耳机参加"聚划算"活动，原价169元，现仅需119元。

步骤七：确定产品@喊话和#话题是什么。

为了提高的曝光率并增加互动，可以在微博进行@喊话和加入#话题。那么蓝牙耳机产品可以@喊话谁了？可以在微博搜索框，输入"蓝牙耳机"找到@喊话对象，如图4.1.9所示。蓝牙耳机加入什么#话题了？可以在微博首页编辑区，输入"#蓝牙耳机"找到加入的话题，如图4.1.10所示。

图4.1.9　蓝牙耳机@喊话

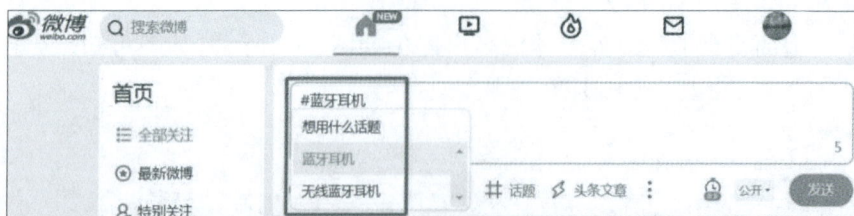

图4.1.10　蓝牙耳机#话题

步骤八：确定短微博文案内容。

根据步骤二确定了微博营销内容的种类是产品销售类，为此提炼出此款蓝牙耳机的短微博文案纲要如下。

（1）产品名称：真无线降噪半入耳式新款耳机。

（2）产品卖点：超长传输、持久续航、单双耳无缝切换、防滑防汗。

（3）产品价格：原价169元，现仅需119元。

（4）目标客户群：青年男女。

（5）参加优惠活动：聚划算活动。

（6）添加喊话"@Readmi蓝牙耳机"，添加话题"#无线蓝牙耳机#"。

步骤九：选择图片素材。

编辑好产品文案后，需要添加数张与产品相关的图片。从产品中选择蓝牙耳机的内部和外部细节图、颜色展示图、包装图、套餐类型图等，如图4.1.11所示。

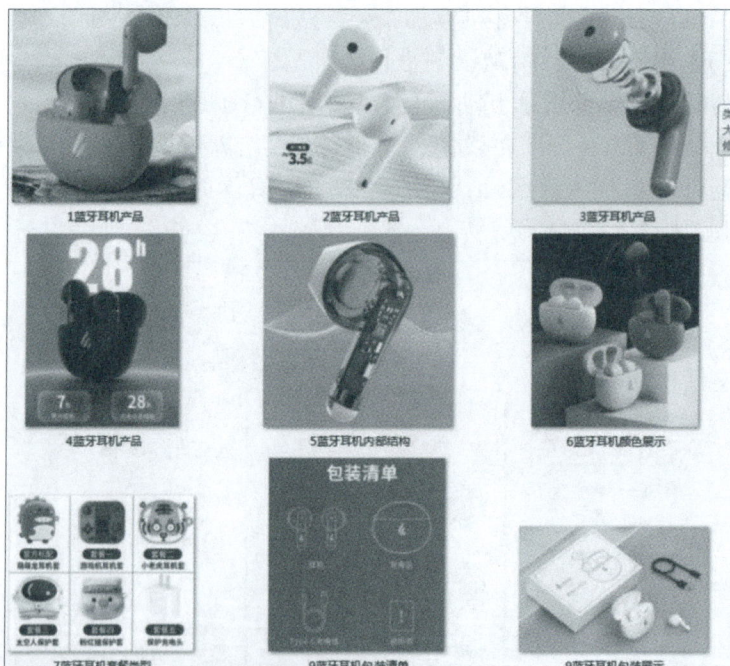

图4.1.11　蓝牙耳机产品图

步骤十：完成蓝牙耳机短微博的写作和发布。

短微博发布后，如图4.1.12所示。

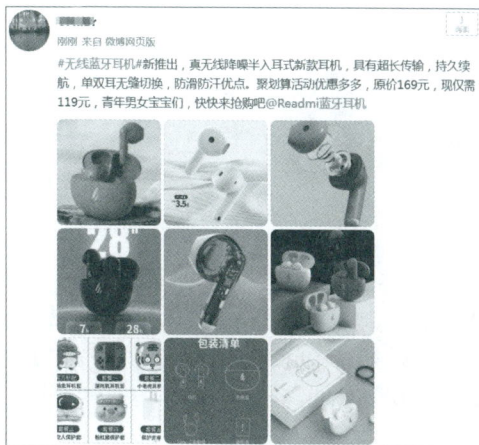

图4.1.12　蓝牙耳机短微博发布

同步实训 🛒

　　某箱包店铺准备在微博发布一篇背包短微博，选定一款背包作为店铺的爆款，为店铺引流和提高销售额。请你根据产品素材，策划这款背包的短微博文案，并在微博完成发布（表4.1.1）。

表 4.1.1　"背包"短微博文案策划

背包信息	质地	尼龙布	闭合方式	拉链
	风格	日韩	形状	竖款方形
	性别	男女通用	图案	纯色风格
	有无夹层	有	成色	全新
	上市时间	2023 年秋季	流行元素	车缝线
	适用场景	休闲	是否可折叠	是
	肩带样式	双根	里料材质	涤纶
	防水程度	防泼水	提拎部件类型	软把
	箱包硬度	软	箱包外袋种类	立体袋
	颜色	绿、黄、黑、灰、蓝	容纳电脑尺寸	14 英寸
	内部结构	拉链暗袋、手机袋、证件位、笔记本电脑插袋	是否有背部缓冲棉	有
	型号	大：底 31cm、厚 16cm、高 45cm 中：底 30cm、厚 15cm、高 42.5cm 小：底 25cm、厚 14cm、高 31cm		
	卖点	防水耐用、细腻面料、车线严整、大容量实用		

1. 了解客户需求，明确营销目的。
2. 确定短微博类型。
3. 目标客户群是哪些群体？
4. 自身产品有哪些卖点？
5. 用户关注点有哪些？
6. 产品参加什么优惠活动？
7. 产品 @ 喊话和 # 话题是什么？
8. 确定短微博文案内容。
9. 选择图片素材。
10. 完成短微博的写作和发布

任务二

NO.2

头条文章

任务描述 🛒

上一任务,文案专员李明已经完成短微博文案的策划,根据项目导入中文案工作任务单的要求,本任务撰写蓝牙耳机的头条文章文案。

知识储备 🛒

当需要表达的内容无法通过简短的语言、精炼的图片表述清楚时,就需要使用长文章,长文章即头条文章,如图4.2.1所示它是微博的一个长文产品,包含了封面图、标题、导语、正文等诸多元素。头条文章在形式上整合了图片与文字,可以进行充分的自由组合与排版。头条文章实现了对文字的延伸,它所涵盖的信息量趋至最大化。

图4.2.1 微博头条文章

一、封面图

在微博头条文章的编辑页面可看到,封面图的推荐尺寸为1 000 px×400 px,可上传大小不超过20 MB,格式为JPG、GIF和PNG的图片,如图4.2.2所示。封面图是对微博头条文章内容的一个简要说明和体现,有创意和视觉冲击力强的图片可以快速吸引用户眼球,让用户的注意力暂时停留在封面上,并产生进一步阅读的欲望。同时,封面图也要体现出文章的主题,不能出现图片与文字不符,或为了吸引用户眼球而故意设置夸张的封面。

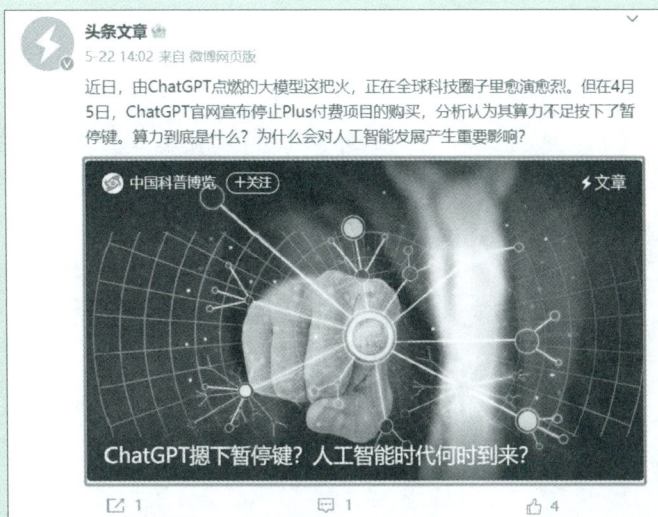

图4.2.2 头条文章的封面图

二、标题和导语

标题和导语是除封面图外用户对头条文章的最直观印象，一般来说，导语会显示在封面图底端，而标题则呈加粗显示在导语的下方。用户只有对标题和导语感兴趣并点开头条文章后，才会继续阅读正文内容，所以一个好的标题和导语是非常重要的。

1.标题

微博头条文章的标题应该尽量简练，最好能够快速勾起用户的好奇心和阅读欲望，将能够提供给用户的价值直接通过标题表达出来，让用户可以快速确定自己对这篇头条文章的内容是否感兴趣。

（1）头条文章标题应该与日常生活相关联。日常生活的真实感受永远是最能带动消费者情绪的内容，因此头条文章内容可以添加一些与目标人群关联度高的、有关生活感悟的句子，这样更容易引起目标人群的讨论、分享、关注和回应，提高头条文章成为"爆文"的概率，如图4.2.3所示。

图4.2.3 与日常生活相关联的头条文章标题

（2）头条文章标题应该与消费人群相关联。不同的目标消费人群会有一些共同的话题，这些话题很容易触动这些消费者的敏感神经。例如，房价、升职和健身等话题非常容易引起上班族群体的关注；学生群体则对情感、运动、求职、美食和游戏等话题比较感兴趣。如果头条文章内容涉及这些话题，并在标题中展示对应的关键词，就会比较容易提醒这些特定的目标消费人群去关注和浏览，如图4.2.4所示。

图4.2.4　与消费人群相关联的头条文章标题

（3）头条文章标题应该与热点事件相关联。热点事件具有迅速收获大量关注和迅速扩散的能力，所以，头条文章写作者可以使用热点事件作为头条文章的标题。筛选热点事件应注意以下三点：

①反应快。要第一时间利用热点事件进行头条文章的关联写作和编辑。

②挖掘话题。选择的热点事件要能进行话题延伸，给予消费者一些新的内容和信息，这样的头条文章才能刺激消费者进行转发和传播，从而凸显出品牌或商品的价值。

③与品牌或商品相关联。选择的热点事件应具备和头条文章推广的品牌或商品相关联的因素，这样才能起到宣传或推广的效果。

此外，微博头条文章的标题有字数限制，最多可写作32个文字，文案人员要在该限制内以尽量精简的方式来写作，若文字太多则可能导致无法完全显示标题内容。

不同类型的头条文章标题

🔖 **小试身手**

请你将以下5个头条文章标题进行准确的分类，然后思考并拟定相应类型的头条文章标题，并记录在表4.2.1中。

①辅食营养很重要，宝宝吃得好，才能长得好！
②全国气温榜前十门槛已超 36 ℃，今夏还会"热哭"吗？

③"明星减肥法"适合普通人吗？营养专家分析优缺点。

④"挖呀挖"爆火：素人成为网红后的标准四步。

⑤一天不喝就难受！奶茶好喝让人上瘾，但这"七宗罪"你了解吗？

表4.2.1　不同类型的头条文章标题

序　号	标题类型	标　题
1	与日常生活相关联	
2	与消费人群相关联	
3	与热点事件相关联	

2.导语

导语是除标题外另一快速吸引用户注意力的元素，好的导语可以通过简短的描述快速体现文章的主要概况，吸引用户的注意力并使他们对正文内容产生好奇，进而对文章内容产生强烈的继续阅读的欲望，引导他们点击文章阅读正文内容（图4.2.5）。

图4.2.5　头条文章导语

导语写作可参考下面几点原则，以保证其对用户能产生吸引力。

（1）符合主题。导语是对头条文章正文内容的引导和抽象概括，它包含了头条文章的主要思想，因此要与头条文章的主题一致，不能为了吸引用户瞎编乱凑。

（2）简洁。导语一般不要太长，应该尽量使用简单明了的话语来进行描述，让用户能够快速理解其所体现的信息。微博头条文章对导语的限制是44个字，注意不要超出其规则。

（3）趣味性。导语的内容应有一定的趣味性，能够让用户在阅读后产生代入感，产生阅读正文的兴趣。可以通过修辞手法、故事手法等技巧来提升导语的趣味性，也可以添加一些时下的流行词汇来拉近与用户之间的距离。

微博头条文章导语属于选填内容，可根据实际需要选择不写。但导语是很重要的，是需要文案人员不断学习并进行实践的，在前期可以多写，待掌握写作技巧形成一定的风格后就能提高写作速度和展示效果。

素养提升

数字中国——杭州亚运会开幕式将首创数字点火仪式

记者 2023 年 9 月 16 日从杭州第 19 届亚运会组委会（以下简称"杭州亚组委"）获悉，在杭州亚运会倒计时 8 天之际，杭州亚组委全球首创的"亚运数字火炬手"迎来激动人心的时刻：参与总人数突破 1 亿人。上亿名亚运数字火炬手的参与，不仅成功打造了亚运史上覆盖区域最广、参与人数最多、持续时间最长的线上火炬主题活动，更将开启亚运史上首个开幕式数字点火仪式。

2022 年 11 月，杭州亚组委面向全球首创性推出"亚运数字火炬手"，并向全球发出争当"亚运数字火炬手"的邀请。2022 年 6 月，随着亚运会火种在良渚古城遗址成功采集，全球首个采用区块链技术的线上火炬传递活动也同步开启。

过去 3 个月，共有来自全球 130 多个国家和地区的网民，上支付宝搜索"亚运"，通过"智能亚运一站通"成为亚运数字火炬手，参与线上火炬传递。上亿名数字火炬手中，年龄最大的 98 岁，年龄最小的 12 岁，20—39 岁的中青年人群则占据 64%。

从闪耀亚洲到燃动中国，亚运线上火炬传递活动自 2023 年 6 月 15 日开启后，经历"南亚—中亚线""西亚—东亚—东南亚线"以及"亚运在中国"3 个阶段，让全球网民在数字世界中将亚运之火传遍亚洲。

2023 年 9 月 8 日，伴随线下火炬传递活动开启，线上火炬接力传递进入新阶段，在极具江南风韵的"水墨空间"里，每个人都能把手里的数字火炬传给另一个人。同时，上亿名亚运数字火炬手将共同参与开幕式数字点火活动，在数字世界与现实同频共振。

为了让尽可能多的人参与线上火炬传递，亚运数字火炬手团队设立了大型测试机房，对数百台不同年代及型号的手机进行了测试。该团队还通过支付宝自研 Web3D 互动引擎 Galacean，使得亚运数字火炬手平台能做到亿级用户规模覆盖，并支持 97% 的智能手机设备，哪怕是用 8 年前的手机，也能参与其中，实现"通过一部手机，人人都能成为数字火炬手"的目标。

（资料来源：科技日报，有删改）

三、正文

头条文章不同于短文字或图片，通常需要用户花费更多的时间和精力去阅读，而支持用户坚持阅读下去的动力，就是头条文章的内容价值。在写作微博头条文章时需要针对目标人群的特点和喜好来进行选题和写作，才能激发大家阅读和讨论的热情，达到较好的营销效果。头条文章的内容可以是自己所在领域或行业的相关知识,可以是对时事热点、话题等进行的评价,也可以是一篇有阅读价值的软文。

新闻式正文、情感式正文和故事式正文是头条文章正文写作最常见的三种形式。

1.新闻式正文

新闻式正文具有较大的权威性,可以让读者信服正文中提到的内容。在撰写头条文章正文的过程中可以通过模仿新闻媒体的口吻,让读者感受到事件的权威性,像企业的大事件、公益事业等都可以通过新闻式正文的形式进行创作,如图4.2.6所示。

图4.2.6　新闻式正文

2.情感式正文

情感式正文一直是大受文案创作者喜爱的形式,情感式正文的信息传达量大、针对性强,它最大的特色是能打动人心,所以在头条文章的正文创作中,不妨试试这种"情感营销",如图4.2.7所示。

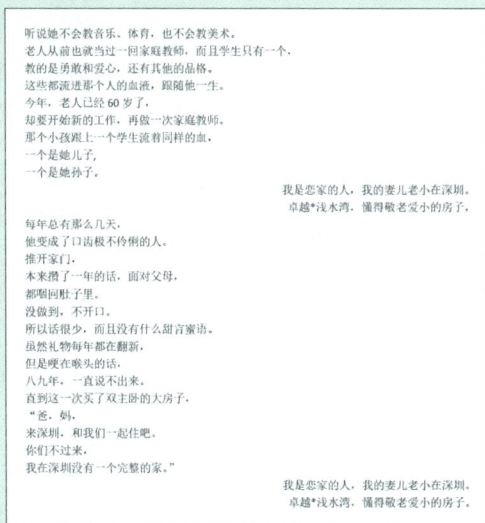

图4.2.7　情感式正文

3.故事式正文

故事式正文是通过一个完整的故事带出产品，一步步带领读者领悟正文的思想，使产品加重了“光环效应”，给读者造成强烈的心理暗示，如图4.2.8所示。

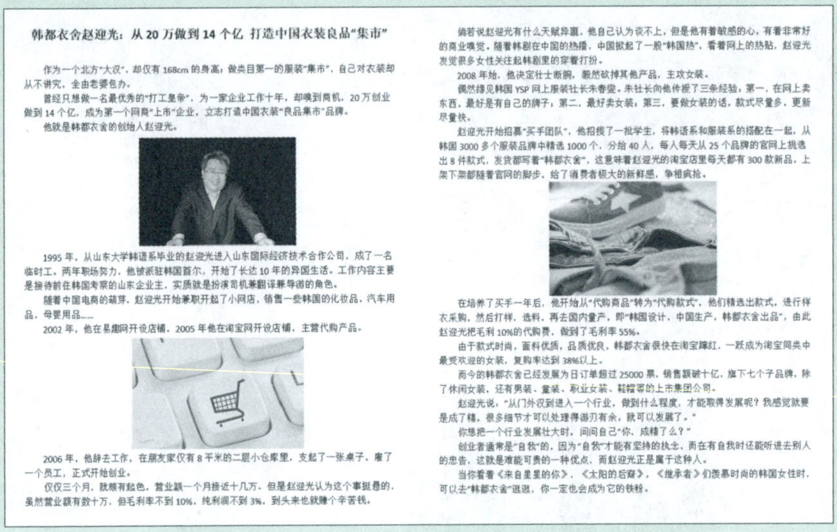

韩都衣舍赵迎光：从20万做到14个亿 打造中国衣装良品“集市”

作为一个北方“大汉”，却仅有168cm的身高；做类目第一的服装“集市”，自己对衣装却从不讲究，全由老婆包办。

曾经只想做一名最优秀的“打工皇帝”，为一家企业工作十年，却嗅到商机，20万创业做到14个亿，成为第一个网商“上市”企业，立志打造中国衣装“良品集市”品牌。

他就是韩都衣舍的创始人赵迎光。

1995年，从山东大学韩语系毕业的赵迎光进入山东国际经济技术合作公司，成了一名临时工。两年职场努力，他被派驻韩国首尔，开始了长达10年的异国生活。工作内容主要是接待前往韩国考察的山东企业主，实质就是扮演司机兼翻译兼导游的角色。

随着中国电商的萌芽，赵迎光开始兼职开起了小网店，销售一些韩国的化妆品，汽车用品，母婴用品……

2002年，他在易趣网开设店铺，2005年他在淘宝网开设店铺，主营代购产品。

2006年，他辞去工作，在朋友家仅有8平米的二层小仓库里，支起了一张桌子，雇了一个员工，正式开始创业。

仅仅三个月，就颇有起色，营业额一个月接近十几万。但是赵迎光认为这个事挺悬的，虽然营业额有数十万，但毛利率不到10%，纯利润不到3%，到头来也就赚个辛苦钱。

倘若说赵迎光有什么天赋异禀，他自己认为谈不上，但是他有着敏感的心，有着非常好的商业嗅觉。随着韩剧在中国的热播，中国掀起了一股“韩国热”，看着网上的热贴，赵迎光发觉很多女性关注起韩剧里的穿着打扮。

2008年始，他决定壮士断腕，毅然砍掉其他产品，主攻女装。

偶然缘见韩国YSP网上服装社长朱春燮。朱社长向他传授了三条经验：第一，在网上卖东西，最好是有自己的牌子；第二，最好卖女装；第三，要做女装的话，款式尽量多，更新尽量快。

赵迎光开始招募“买手团队”，他招揽了一批学生，将韩语系和服装系的搭配在一起，从韩国3000多个服装品牌中精选1000个，分给40人，每人每天从25个品牌的官网上挑选出8件款式，发货都写着“韩都衣舍”，这意味着赵迎光的淘宝店里每天都有300款新品，上架下架都随着官网的脚步，给了消费者极大的新鲜感，争相疯抢。

在培养了买手一年后，他开始从“代购商品”转为“代购款式”，他们精选出款式，进行样衣采购，然后打样，选料，再去国内量产，即“韩国设计，中国生产，韩都衣舍出品”，由此赵迎光把毛利10%的代购费，做到了毛利率55%。

由于款式时尚，面料优质，品质优良，韩都衣舍很快在淘宝蹿红，一跃成为淘宝同类中最受欢迎的女装，复购率达到38%以上。

而今的韩都衣舍已经发展为日订单超过25000票，销售额破十亿，旗下七个子品牌，除了休闲女装，还有男装、童装、职业女装、鞋帽等的上市集团公司。

赵迎光说：“从门外汉到进入一个行业，做到什么程度，才能取得发展呢？我感觉就要是成了精，很多细节才可以处理得游刃有余，就可以发展了。”

你想把一个行业发展壮大时，问问自己“你，成精了么？”

创业者通常是“自我”的，因为“自我”才能有坚持的执念，而在有自我时还能听进去别人的忠告，这就是难能可贵的一种优点，而赵迎光正是属于这种人。

当你看着《来自星星的你》，《太阳的后裔》，《继承者》们羡慕时尚的韩国女性时，可以去“韩都衣舍”逛逛，你一定也会成为它的铁粉。

图4.2.8 故事式正文

如何打造一篇故事式正文呢？首先需要确定的是产品的特色，将产品的关键词提炼出来，然后将产品关键词放到故事线索中，贯穿全文，让读者读完之后印象深刻。

另外，在写作微博头条文章的正文内容时要注意以下几点：

（1）与标题匹配。正文内容应该与标题相匹配，也就是说，正文内容必须有价值，要保证被标题吸引进来的用户不会产生被标题“欺骗”的感觉。

（2）表达风格。不同的微博账号发表的文章表达风格不同，可以是严谨的、精准的，也可以是幽默的、有趣的，这主要与文案人员的个人写作风格有关。当然，文章风格也应该呼应用户的特点，根据目标用户喜欢的风格来调整自己的表达方式，才可以获得更大的阅读量。同时，文案人员还要注意，一旦确定了自己文章的写作风格，就要尽量按照这种风格来写作，不要频繁更换不同的文风来彰显自己的写作能力，这样反而会显得不够专业，流失原有的用户。

（3）文章排版。头条文章的内容一般较多，要注意文章的排版，以便给用户提供更加良好的阅读体验（图4.2.9）。微博头条文章的正文内容字号是固定的，不需要文案人员再进行设置，其字号大小是经过多次验证后的最佳大小。而正文内容中的内文标题、重要句子和词语，则可以通过设置标题样式、加粗、倾斜、颜色等，使其突显出来并与正文内容产生对比和差异，也可以添加一些图片、表情等元素，增加排版的美观性，提升用户的阅读兴趣。

图4.2.9 头条文章正文

✎ 小试身手

请根据如图4.2.10所示的品牌营销活动内容，模仿新闻媒体的口吻，撰写一篇新闻式正文（表4.2.2）。

在《范特西》专辑发行22周年之际，9月14日，奈雪的茶上线与薄盒范特西音乐宇宙的联名款奶茶及主题周边，包装印有《范特西》专辑封面图，引发大量粉丝抢购。官方数据显示，奈雪与范特西联名系列上线首日奶茶销量为146万杯，保温杯为10万套，经典IP所带来的流量与购买热情可见一斑！

图4.2.10 奈雪×薄盒"范特西音乐宇宙"

表 4.2.2　撰写新闻式正文

新闻式正文	备　注

任务分析 🛒

通过知识储备的学习，为了完成蓝牙耳机的微博头条文章撰写，文案小组进行了任务分析、讨论，主要涉及以下几个问题：

1.如何选择微博头条文章的主题？

2.设计微博头条文章的标题。

3.确定微博头条文章的导语。

4.如何打造微博头条文章的内容？

5.制作一张精美的封面图。

6.如何在微博发布头条文章？

任务实施 🛒

通过任务的分析和讨论，按以下步骤完成任务。

步骤一：选择微博头条文章的主题。

通过导入任务可以了解到蓝牙耳机的主要目标消费群体是热爱时尚的年轻人，根据客户需求、消费人群特点，确定主题采用与消费人群相关联的"购物攻略"。

步骤二：设计微博头条文章的标题。

根据前面的分析，结合蓝牙耳机受众群体的特点，确定头条文章的标题为："2023年蓝牙耳机推荐清单! 看这篇就够了!"

步骤三：确定微博头条文章的导语。

根据长文章"购物攻略"这个主题，导语可以概括为"作为一名耳机资深用户，今天推荐几款还不错的蓝牙耳机给大家参考，看看有没有你喜欢的那一款"。

步骤四：打造微博头条文章的内容。

根据前面对微博头条文章的主题以及对主要目标消费群体的分析，确定正文部分主要是介绍在各大电商平台搜集的各种畅销款、爆款、性价比比较高的蓝牙耳机。

步骤五：制作一张精美的封面图。

根据长文章的内容，利用图片处理软件制作合适的图片作为封面图，在制作过程中要根据头条文章的内容适当地进行修改、美化。

步骤六: 在微博发布头条文章。

(1)登录微博,在首页找到【头条文章】按钮,点击进入编辑器,如图4.2.11所示。

图4.2.11　微博首页–头条文章

(2)点击【写文章】开始创作,填写标题、导语、正文,设置文章封面(图4.2.12)。

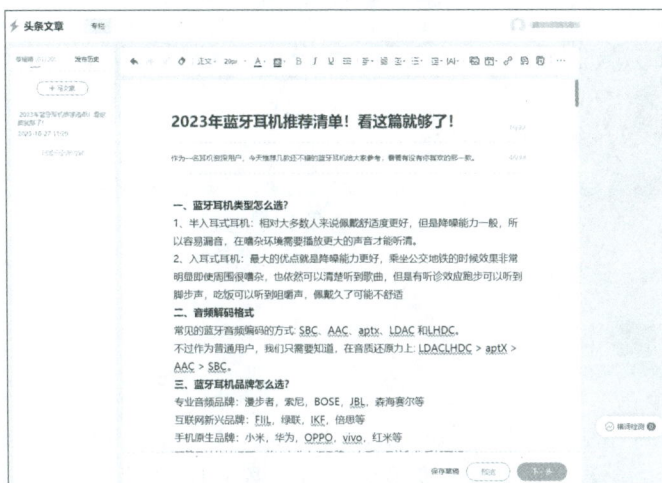

图4.2.12　头条文章–写文章界面

(3)正文编辑完后,可选择【专栏设置】,确定是否加入专栏;可选择【预览】,查看文章生成样式(图4.2.13)。

图4.2.13　头条文章–专栏设置

（4）选择【下一步】编辑短微博，点击【发布】，即可生成微博。如果需要定时发文，选择【定时发】，设置时间即可（图4.2.14）。

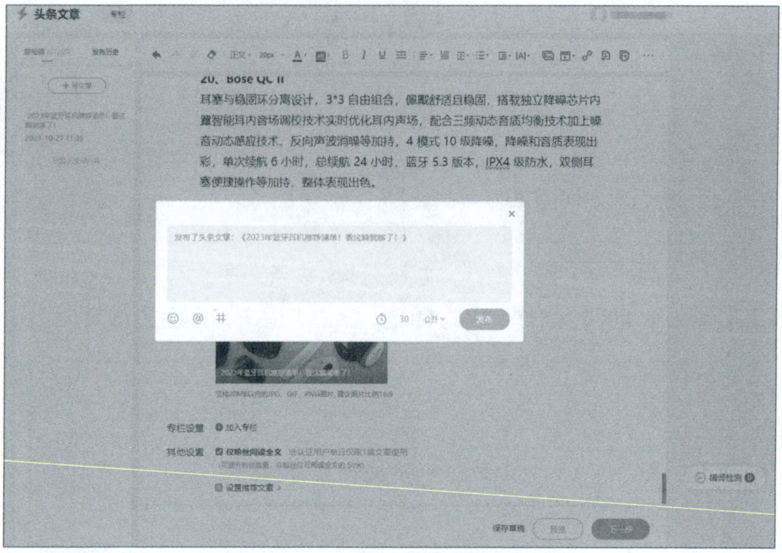

图4.2.14　头条文章–发布界面

同步实训 🛒

一加体育店计划为一款乒乓球拍撰写一篇头条文章，该头条文章将会投放到微博平台运营，该头条文章主要用于为该店铺引流及增加关注，请你为该乒乓球拍撰写头条文章，具体内容应该包含：封面图、标题、导语、正文等诸多元素。完成之后填写表4.2.3。

表 4.2.3　乒乓球拍头条文章撰写

乒乓球拍信息	商品：乒乓球拍 产品参数： 商品毛重：0.525 kg 球拍类型：竖拍 适用人群：通用 球拍等级：高级 是否带包：硬包 胶面类型：双反胶 球拍星级：9 级 底板是否含碳：含碳 	

续表

> 1.选择微博头条文章的主题
>
> 2.设计微博头条文章的标题
>
> 3.确定微博头条文章的导语
>
> 4.打造微博头条文章的内容
>
> 5.制作一张精美的封面图
>
> 6.在微博发布头条文章

项目考核 🛒

农产品"柚子"微博文案撰写

1.考核目的

通过对本项目的学习,基本掌握了短微博和头条文章的撰写,本项目考核主要练习农产品"柚子"微博文案的撰写。

2.考核准备

组队:以小组为单位,4~6人一组,并选出一名组长,分配好组员的工作。

3.考核任务

一加水果店计划为柚子撰写一个微博文案,该微博文案将会投放到微博平台运营,请你为农产品"柚子"撰写短微博文案和头条文章。

4.任务步骤

（1）了解客户需求,明确营销目的。

（2）明确目标客户群是哪些。

（3）选择微博营销内容的种类。

（4）确定产品参加的优惠活动。

（5）确定产品@喊话和#话题。

（6）确定短微博文案内容。

（7）选择微博头条文章的主题。

（8）设计微博头条文章的标题、导语、内容。

（9）在微博网页版完成短微博文案和头条文章文案的写作和发布。

5.任务实施

（1）了解客户需求，明确营销目的。

（2）明确目标客户群是哪些。

（3）选择微博营销内容的种类。

（4）确定产品参加的优惠活动。

（5）确定产品@喊话和#话题。

（6）确定短微博文案内容。

（7）选择微博头条文章的主题。

（8）设计微博头条文章的标题、导语、内容。

（9）在微博网页版完成短微博文案和头条文章文案的写作和发布。

6.考核评价

评价指标	分数	评价说明	自我评价	小组评价	教师评价
作品评价（50分）					
营销目的分析	5分	分析明确本次营销的真正目的			
目标人群分析	5分	明确目标人群的喜好、主流需求			
微博文案主题的选择	10分	激发读者兴趣，为微博文案带来流量			
微博文案内容的选择	20分	内容有吸引力，主题突出			
微博文案图文设计	10分	布局合理、有一定美感、有吸引力			
完成态度（30分）					
职业技能	10分	符合工作需求，能够拓展相关知识，并通过新颖独特的形式加以展示			
工作心态	10分	抱有信心，努力做好工作，能完成工作			
完成效率	10分	在规定时间内按质按量地完成分配的任务			
团队合作（20分）					
沟通分析	10分	主动提问题，快捷有效地明确任务需求			
团队配合	10分	快速地协助相关同学进行工作			
计分					
总分（按自我评价30%，小组评价30%，教师评价40%计算）					

项目五

短视频文案

···□

项目导入 🛒

　　文案策划部主管王华发出一任务，要求为一加文具店策划一款中性笔的电商主图短视频，为店铺精准引流，提高顾客的转化率，文案工作任务单如下。

文案工作任务单

任务发布人	王华	接收时间	
		交稿时间	
文案名称	中性笔的电商主图短视频		
文案展示平台	淘宝☑	微信□	微博□
	抖音□	小红书□	QQ□
	知乎□	B站□	今日头条□
	其他：		
提供资料	产品信息		

产品	笔	功能	按动
闭合方式	按动	适用场景	日常书写
笔芯颜色	黑色、红色、蓝色	是否可擦	否
适用墨水类型	油性墨水	墨水是否速干	否
笔杆材质	塑料	笔头类型	子弹头形
适用人群	学校、办公、财会、家庭、医用等		

文案要求	(1) 针对目标人群、产品卖点策划短视频内容，涵盖2~3个卖点，包含产品本身与品牌展示。 (2) 撰写吸睛短视频标题。 (3) 撰写短视频的分镜脚本以便拍摄。 (4) 视频时长 30~40 s。
自我检查	确认签名：
组长意见	确认签名：
部门验收人	确认签名：

项目目标 🛒

➤ **素质目标**

1.通过刺绣、剪纸等中华传统文化案例视频的学习,增强文化自信,增强民族自豪感,深化爱国主义。

2.通过学习青菜种植案例视频,弘扬劳动精神,尊重劳动。

➤ **知识目标**

1.掌握短视频内容策划方法。

2.掌握短视频脚本撰写方法。

➤ **能力目标**

1.能根据视频受众目标群体,收集整合相关视频,策划短视频内容。

2.能独立完成指定产品的短视频分镜脚本。

NO.1

任务一

短视频内容策划

任务描述 🛒

根据"项目导入"中的文案策划部王华发出的文案工作任务单,文案专员李明先策划短视频的内容,接着再撰写短视频分镜脚本。

知识储备 🛒

一、如何选题

1.明确用户需求

首先要确定目标人群是谁,具有哪些特征;目标人群最大的痛点或关注点是什么;目标人群想看的、想了解的核心需求是什么。

2.自我分析

自身能给目标人群带来哪些有趣或有益的视频内容,为目标人群带来怎样的价值,常见内容包括知识、技巧和技能,比如,罗列产品卖点、产品价格优势、产品功能演示、产品解决某个痛点等。

3.竞品分析

竞争对手是谁?查找同行或竞争对手的账号,学习对方的视频内容,对标自身优势,创新突破,保证优质内容的持续产出。

通过以上要点的分析,得出选题。

二、如何搭建短视频内容

短视频内容的本质就是向观看者传达和沟通信息,向观看者论证视频内容价值并促使观看者购买产品或关注。

三、搭建短视频内容框架

1.短视频前3 s激发观看者兴趣

短视频前3 s激发观看者兴趣,争取让观看者继续观看。那么,可以从哪些方面激发观看者的兴趣呢?

第一,目标人群的痛点。提炼目标人群的痛点,引起共鸣并持续观看。

第二,目标人群的兴趣点。刺激目标人群的兴趣点,激发其好奇心并持续观看。

确定自己的需求,找准自己的目标人群,分析自己的目标人群对哪一方面的内容更感兴趣,针对目标人群的痛点或兴趣点,搭建短视频内容框架,吸引目标人群观看。如图5.1.1所示,视频前3 s,抛出目标人群兴趣点,漂亮的手工刺绣。

图5.1.1　刺绣兴趣点

2.短视频9~11 s场景激发需求

进一步利用场景呈现目标人群的痛点或兴趣点,激发目标人群继续观看视频的需求。如图5.1.2所示,视频9~11 s,手工刺绣场景激发目标人群的购买需求。

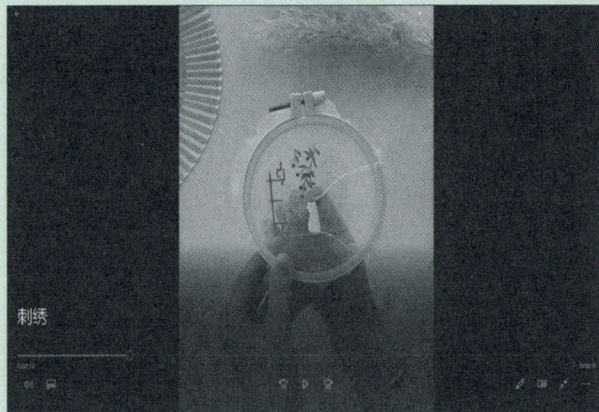

图5.1.2　手工刺绣场景

3.短视频16~25 s呈现卖点

从短视频目标人群最关注、最关心的痛点切入，引起观看者的注意，提高短视频的针对性，突出产品的核心卖点、使用效果等展示给观看者并使其接受。契合目标人群的习惯，再适当添加搞笑、造梗、才艺、模仿、卖萌、猎奇、潮流等娱乐元素，引起观看者的共鸣；也可给观看者提供教程、攻略、干货、指南等知识科普或传授类内容，收获粉丝。如图5.1.3所示，视频16~30 s呈现刺绣挂件的卖点——颜值爆棚的心意礼物，可以挂在服饰上、背包上、车里。

图5.1.3　手工刺绣的卖点

4.最后5 s引导转化

引导目标人群点击、进入直播间、关注、购买，达成短视频制作需求。如图5.1.4所示，视频最后5 s，利用整体展示引导观看者购买。

图5.1.4　引导观看者购买

搭建短视频
框架

素养提升

刺绣是针线在织物上绣制的各种装饰图案的总称。刺绣分为丝线刺绣和羽毛刺绣两种。丝线刺绣就是用针将丝线或其他纤维、纱线以一定图案和色彩在绣料上穿刺，以绣迹构成花纹的装饰织物，是用针和线把人的设计和制作添加在任何存在的织物上的一种艺术。

刺绣是中国民间传统手工艺之一，在中国至少有两三千年的历史。中国刺绣主要有苏绣、湘绣、蜀绣和粤绣四大门类。刺绣的技法有：错针绣、乱针绣、网绣、满地绣、锁丝、纳丝、纳锦、平金、影金、盘金、铺绒、刮绒、戳纱、洒线、挑花等。刺绣的用途主要包括生活和艺术装饰，如服装、床上用品、台布、舞台、艺术品装饰。

作为一门传统而古老的艺术，中国刺绣艺术灿烂悠久。苏绣、湘绣、粤绣和蜀绣统称中国四大名绣。

（资料来源：百度百科）

小试身手

请观看短视频，分析其内容框架。
素材位置：项目五任务一 小试身手素材

时　长	内　容	具体分析

任务分析 🛒

通过知识储备的学习，为了完成中性笔主图短视频的内容策划，文案小组进行了任务分析、讨论，主要涉及以下几个问题：

1.了解客户需求，明确制作短视频的目的。
2.自身产品有哪些卖点？
3.竞争对手的产品有哪些卖点？
4.目标人群是哪些？
5.确定短视频的主题及标题。
6.确定需要收集的素材。
7.确定短视频的框架内容。

任务实施 🛒

通过任务的分析和讨论，按以下步骤完成任务。

步骤一： 了解客户需求，明确制作短视频的目的。

通过导入任务可以了解客户制作的中性笔短视频主要为店铺精准引流，提高顾客的转化率。

步骤二： 自身产品有哪些卖点？

通过跟客户沟通，明确了该中性笔的卖点是：采用新一代油墨，碳化的钨球珠，弹簧头的笔尖，400 m的长效书写，握感舒适，可按动，3色可选。

步骤三： 竞争对手的产品有哪些特点？

从多个电商平台了解的中性笔买家评价如图5.1.5所示，买家主要关心手感、容量、书写不流墨等。

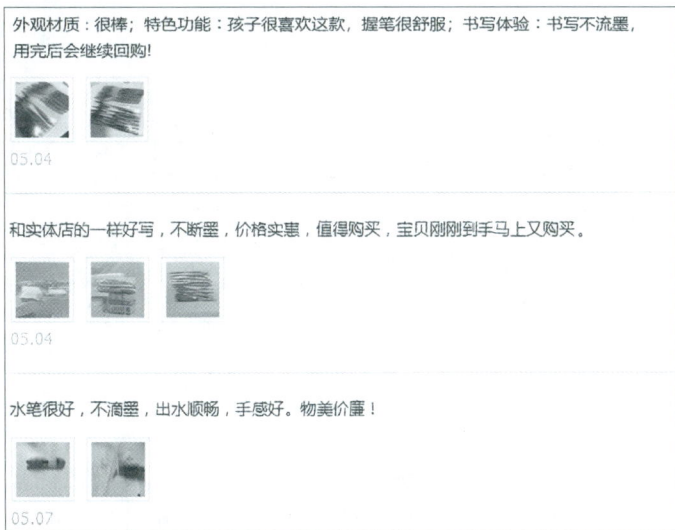

外观材质：很棒；特色功能：孩子很喜欢这款，握笔很舒服；书写体验：书写不流墨，用完后会继续回购！

05.04

和实体店的一样好写，不断墨，价格实惠，值得购买，宝贝刚刚到手马上又购买。

05.04

水笔很好，不滴墨，出水顺畅，手感好。物美价廉！

05.07

图5.1.5 中性笔买家评价

步骤四：目标人群是哪些？

登录360趋势查找中性笔目标人群需求分布，如图5.1.6所示，得出：中性笔的目标人群以19~24岁男性居多。

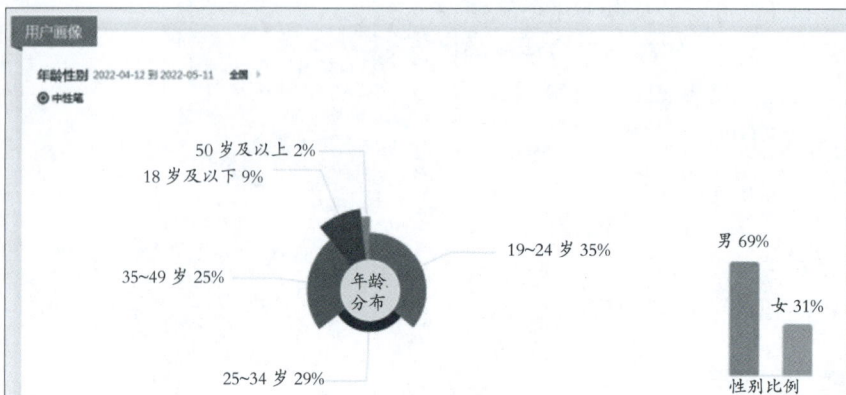

用户画像

年龄性别 2022-04-12 到 2022-05-11　全国 ▶
● 中性笔

50 岁及以上 2%
18 岁及以下 9%
19~24 岁 35%
35~49 岁 25%
年龄分布
25~34 岁 29%
男 69%
女 31%
性别比例

图5.1.6　中性笔需求分析

步骤五：确定短视频的主题及标题。

根据客户需求、产品卖点、目标人群特点，确定短视频的主题采用直观展示产品卖点，标题为：你的中性笔是不是也经常不见笔帽？

步骤六：需要收集哪些素材？

通过各电商平台产品的主图、详情页、产品评价等收集消费者的痛点：带笔帽的笔用着用着笔帽会不见，书写久了会手指酸痛等。

步骤七：确定短视频的框架内容。

某品牌中性笔

1. 展示消费者痛点：与普通中性笔作比较，写着写着找不到笔帽，书写久了手指酸痛。

2. 展示本中性笔，按动笔，不用担心找不到笔帽。

3. 笔芯不断墨。

4. 中性笔握笔特写（平滑硅胶护套设计，书写握笔舒适）。

5. 中性笔笔芯（可替换笔芯，0.5 mm子弹头，不断墨，耐摔）。

6. 笔夹设计，方便携带。

7. 三种颜色可供选择（黑色、蓝色、红色），多场合适用。

同步实训 🛒

一加体育店计划为一款篮球策划一个知识分享类30~40 s的短视频，该短视频将投放到抖音平台运营，该短视频主要用于引流及增加该店铺抖音号的关注度。请你为该篮球策划撰写知识分享类短视频内容，填写在表5.1.1中。

表 5.1.1　篮球视频内容策划

篮球信息	产品：篮球 材质：合成革 篮球规格：7 号篮球（标准球） 　　　　　5 号篮球（青少年用） 上市时间：2018 年秋季 货号：ZG 74-066 球分类：室内室外通用篮球 是否商场同款：是	

1. 了解客户需求，明确制作短视频的目的。

2. 自身产品有哪些卖点？

3. 竞争对手的产品有哪些卖点？

4. 目标人群是哪些？

5. 确定短视频的主题标题。

6. 收集哪些素材？

7. 确定短视频的框架内容。

NO.2

任务二

短视频脚本撰写

任务描述 🛒

　　上一任务中，文案专员李明已经完成短视频内容的策划撰写，根据"项目导入"中文案工作任务单的要求，本任务撰写中性笔短视频分镜头脚本。

知识储备 🛒

　　短视频脚本是短视频拍摄大纲和要点规划，用于指导整个短视频的拍摄方向和后期剪辑。好的脚本不仅能提供清晰的拍摄思路，还有利于各个环节的分工合作，提高工作效率。

　　一般短视频拍摄都采用分镜头脚本，分镜头脚本最细致，是前期拍摄的脚本，是后期制作的依据，也是长度和经费预算的参考。分镜头脚本主要包括镜号、画面内容、时长、景别、拍摄方式、道具、字幕、音乐等，剪纸分镜头脚本见表5.2.1。

表 5.2.1　剪纸分镜头脚本

镜号	画面内容	时长 / s	景别	拍摄方式	道具	字　幕	音乐
1	展示标题：两刀剪出双喜字	2	特写	固定镜头	红纸	两刀剪出双喜字	讲授折纸过程
2	折纸的过程	33	特写	固定镜头	红纸		
3	用铅笔画出需要剪掉的部分	7	特写	固定镜头	红纸、铅笔		
4	用剪刀剪掉多余的部分	5	特写	固定镜头	红纸、剪刀	祝大家开门见喜，好事成双	
5	展开双喜字	2	特写	固定镜头	喜字纸		

素养提升

中国民间工艺——剪纸

　　中国剪纸是一种用剪刀或刻刀在纸上剪刻花纹，用于装点生活或配合其他民俗活动的民间艺术。剪纸是一种镂空艺术，在视觉上给人以透空的感觉和艺术享受。其载体可以是纸张、金银箔、树皮、树叶、布、皮、革等片状材料。剪纸在中国农村是历史悠久、流传很广的一种民间艺术形式。剪纸，顾名思义就是用剪刀将纸剪成各种各样的图案，如窗花、门笺、墙花、顶棚花、灯花等。这种民间艺术的产生和流传与中国农村的节日风俗有着密切关系，逢年过节或新婚喜庆，人们把美丽鲜艳的剪纸贴在雪白的窗纸或明亮的玻璃窗上、墙上、门上、灯笼上，节日的气氛被渲染得非常浓郁喜庆。

　　2006 年 5 月 20 日，剪纸艺术遗产经国务院批准列入第一批国家级非物质文化遗产名录。2009 年 9 月 28 日至 10 月 2 日举行的联合国教科文组织保护非物质文化遗产政府间委员会第四次会议上，中国申报的中国剪纸项目入选"人类非物质文化遗产代表作名录"。

（资料来源：百度百科）

　　1.镜号

　　镜号是指镜头的号数。

2.画面内容

画面内容是指镜头画面要表现的具体内容。

3.时长

时长是指一个镜头画面使用的时间。

4.景别

景别是指在焦距一定时，由于摄影机与被摄物的距离不同，而造成被摄物在摄影机录像器中所呈现出的范围大小的区别。景别有全景、中景、近景、特写。如图5.2.1所示为青菜视频景别分析。

景　别	全　景	中　景	近　景	特　写
例图				

图5.2.1　青菜视频景别

素养提升

新华时评：每一位劳动者都值得尊重

在"五一"国际劳动节到来之际，我们向每一位劳动者道一声："辛苦了！"

在禾苗拔节的田垄间、在机器轰鸣的厂房中、在车水马龙的街道旁……节日期间，广袤的中国大地上，无数劳动者仍在辛勤地忙碌着。给予每一位平凡的劳动者应有的尊严，应该成为全社会的共同价值取向。

劳动是推动人类社会进步的根本力量。全面建成小康社会，进而建成富强民主文明和谐的社会主义现代化国家，根本上是靠劳动、靠劳动者创造。

"十亩之间兮，桑者闲闲兮。"这是诗经对于劳动生活的吟唱；锻铁图、酿酒图……这是敦煌壁画对于劳动场景的描摹；"稻花香里说丰年，听取蛙声一片"，这是对于劳动开启美好生活的礼赞。从原始社会到现代社会，"人民创造历史，劳动开创未来"是贯穿于数千年历史的不变要义。

翻开新中国的历史，从"宁愿一人脏，换来万家净"的掏粪工人时传祥到"宁肯少活二十年，拼命也要拿下大油田"的"铁人"王进喜，从"杂交水稻之父"袁隆平到"新时代的雷锋精神传承者"鞍钢工人郭明义……不同时期，不同岗位，但劳动者们共同谱写了一曲曲时代壮歌。"爱岗敬业、争创一流，艰苦奋斗、勇于创新，淡泊名利、甘于奉献"的劳模精神，成为各族人民的光辉典范。

然而，在现实生活中，歧视、侮辱、侵犯劳动者的事件仍有发生。行车发生剐蹭，快递员遭到连续掌掴，乱丢垃圾受到阻止，女子拎着扫把辱骂、殴打环卫工人，公交车上，有人呵斥身旁的农民工穿脏衣服……诸如此类，损害了劳动者的尊严，也让文明社会蒙羞。

社会分工有不同,但每一位劳动者都值得尊重。一方面,每个人在法律上、人格上都是平等的,不分贵贱,那些辛勤劳动、诚实劳动虽然默默无闻,却是推动社会前行的宝贵基石;另一方面,相关部门要切实维护和保障劳动者就业、医疗、养老等合法权益,为每一位劳动者营造平等、有尊严感的外部环境。让尊重劳动者成为广泛的社会共识,让维护劳动者的尊严成为每个人的自觉行动。

(资料来源:新华社,有删改)

5.拍摄方式

拍摄方式主要是镜头,镜头分为固定镜头和运动镜头,运动镜头又包括推镜头、拉镜头、摇镜头、移镜头、升降镜头、甩镜头等。拍摄方式和特点见表5.2.2。

表5.2.2 拍摄方式和特点

拍摄方式	特　点
推镜头	被摄对象不动,镜头由远及近向被拍摄对象推进,由整体到局部,主要用于描写细节、突出主体、制造悬念
拉镜头	被摄对象不动,镜头由近到远逐渐远离被摄对象,由局部到整体,主要突出被摄对象与整体的效果
摇镜头	拍摄设备位置不动,镜头上、下、左、右、斜拍摄,具有描绘作用,常用于介绍环境、从一个被摄对象转向另一个被摄对象,表现人物运动,表现人物的主观视线或内心感受
甩镜头	镜头急速从一个方向到另一个方向,强调空间的转换或同一时间发生的并列情景,用于表现内容的突然过渡
移镜头	被摄对象不动,镜头移动拍摄,使被摄对象从画面依次划过,造成巡视或展示的视觉效果
跟镜头	镜头跟随运动着的被摄对象进行拍摄,表现被摄对象在行动中的动作和表情,突出运动中的主体,交代运动主体的运动方向、速度、体态及其与环境的关系,使运动主体的运动保持连贯,有利于展示被摄对象在动态中的面貌
升降镜头	镜头一边升降一边拍摄,能够改变镜头视角和画面的空间
旋转镜头	该镜头使被摄对象呈现旋转效果,常代表人物处在旋转状态的主观视线,或晕眩的主观感受,或旋转的动体,或表现特定的情绪和气氛
固定镜头	镜头固定不动的拍摄

📎 小试身手

请观看短视频,分析其拍摄方式。
素材位置:项目五 任务二　小试身手素材1

时　长	拍摄方式

6.道具

除了人物出镜，短视频里也需要准备相应的道具，能起到画龙点睛的作用，衬托主体。

7.字幕

字幕就是画面上显示的台词或重点提示。

8.音乐

音乐是指与画面对应的音乐和音效。

🖊 **小试身手**

请观看短视频，填写其分镜脚本。
素材位置：项目五 任务二　小试身手素材2

短视频脚本撰写

镜号	画面内容	时长/s	景别	拍摄方式	道　具	字　幕	音乐

任务分析 🛒

通过知识储备的学习，为了完成中性笔主图短视频的分镜头脚本，文案小组进行了任务分析、讨论，主要涉及以下两个问题。

1. 短视频的大致框架。
2. 撰写短视频分镜头脚本。

任务实施 🛒

通过任务的分析和讨论，按以下步骤完成任务。

步骤一： 确定短视频的大致框架，见表5.2.3。

表 5.2.3　某中性笔短视频的大致框架

序号	确定框架	理　由
1	展示消费者痛点	通过展示消费者的痛点：找不到笔帽，书写久了手指酸痛
2	展示本中性笔	按动笔，不用担心找不到笔帽
3	0.5 mm 子弹头	不断墨，耐摔
4	中性笔握笔特写	平滑硅胶护套设计、书写握笔舒适
5	中性笔笔芯	可替换笔芯
6	笔夹设计	方便携带
7	3种颜色可供选择（黑色、蓝色、红色）	多场合适用

步骤二： 撰写短视频分镜头脚本，见表5.2.4。

表5.2.4　短视频分镜头脚本

镜号	画面内容	时长/s	景别	拍摄方式	道　具	字　幕	音乐
1	书写完，想收笔发现笔帽不见了	3	近景	固定拍摄	笔记本	笔帽不见了	节奏欢快的音乐
2	用其他笔，书写久了手指酸痛	3	近景→特写	推镜头	笔记本	手酸	
3	展示本中性笔书写	3	特写	推镜头	试卷	久写不酸	
4	按动式出笔，不用找笔帽	2	近景	固定镜头	笔记本	按动笔，不用担心找不到笔帽	

续表

镜号	画面内容	时长/s	景别	拍摄方式	道具	字幕	音乐
5	0.5 mm子弹头,把笔从空中甩到本子上然后书写,不断墨	3	特写	固定镜头	笔记本	不断墨,耐摔	
6	中性笔握笔特写	3	特写	固定镜头	笔记本	平滑硅胶护套设计,书写握笔舒适	
7	把笔芯拆卸出来换笔芯	4	近景	固定镜头	拆卸的笔芯	可替换笔芯	
8	把笔夹夹在笔记本封面	1	近景	固定镜头	笔记本	笔夹设计,方便携带	
9	3种颜色可供选择(黑色、蓝色、红色)	2	近景	固定镜头	3种颜色的字对应3种颜色的笔	多场合适用	

同步实训 🛒

　　根据上一任务策划完成的篮球知识分享类短视频内容,请为该内容撰写分镜头脚本,填写在表5.2.5中。

表5.2.5　篮球分镜头脚本

镜号	画面内容	时长/s	景别	拍摄方式	道具	字幕	音乐

项目考核 🛒

橙子情景剧类短视频分镜头脚本撰写

1.考核目的

通过对本项目的学习,基本掌握了产品展示类、知识分享类短视频分镜头脚本撰写,本项目考核主要练习情景剧类短视频分镜头脚本撰写。

2.考核准备

(1)组队:以小组为单位,4~6人一组,并选出一名组长,分配好组员的工作。

(2)用具:根据脚本需求准备。

3.考核任务

一加水果店计划为橙子策划一个情景剧类1分~1分30秒的短视频,该短视频将会投放到抖音平台运营,请你为该橙子情景剧类短视频策划短视频内容及分镜头脚本。

4.任务步骤

(1)了解客户需求,明确制作短视频的目的。

(2)产品有哪些卖点?

(3)竞争对手的产品有哪些卖点?

(4)目标人群是哪些?

(5)确定短视频的主题标题。

(6)收集哪些素材?

(7)短视频的框架内容。

(8)撰写短视频标题及分镜头脚本。

5.任务实施

(1)了解客户需求,明确制作短视频的目的。

(2)产品有哪些卖点?

(3)竞争对手的产品有哪些卖点?

(4)目标人群是哪些?

（5）确定短视频的主题标题。

（6）收集哪些素材？

（7）短视频内容的撰写。

（8）短视频的大致框架。

（9）撰写短视频分镜头脚本。

镜号	画面内容	时长/s	景别	拍摄方式	道　具	字幕	音乐

6.考核评价

评价指标	分数	评价说明	自我评价	小组评价	教师评价
作品评价（50分）					
目标人群分析	5分	明确目标人群的喜好、主流需求			
产品卖点分析	5分	从自身产品及竞品进行卖点解析			
短视频标题	5分	激发观看者兴趣，使观看者继续观看			
短视频的大致框架	5分	框架思路清晰明了，主题突出			
短视频分镜脚本	30分	脚本撰写详细，可拍摄性强			
完成态度（30分）					
职业技能	10分	符合工作需求，能够拓展相关知识，并通过新颖独特的形式加以展示			
工作心态	10分	有信心，努力做好工作，能完成工作			
完成效率	10分	在规定时间内按质按量地完成分配的任务			
团队合作（20分）					
沟通分析	10分	主动提问，快捷有效地明确任务需求			
团队配合	10分	快速地与团队成员合作完成任务			
计分					
总分（按自我评价30%，小组评价30%，教师评价40%计算）					

项目六

直播文案 ⬜

项目导入 🛒

"双十一"大促来临之际,文案策划部主管王华发布了任务,要求为一加婴童用品店策划直播方案,撰写直播预告文案,为直播账号进行大促前的宣传引流,并根据大促主推产品撰写大促期间的直播脚本,提高品牌知名度,实现销售目标。文案工作任务单如下。

文案工作任务单

任务发布人	王华	接收时间		
		交稿时间		
文案名称	"双十一"大促直播策划案			
文案展示平台	淘宝☑	微信☐		微博☐
	抖音☑	小红书☐		QQ☐
	知乎☐	B站☑		今日头条☐
	其他:			

	产品信息		
提供资料	产品名称	产品卖点	
	天然亲肤洗衣液	椰子油精华	
		敏感肌适用	
		天然定向酵素	
		无色素配方	
	亲肤皂粉	配方温和去渍	
		低泡易漂无残留	
		洗后衣物更柔顺	
	三除液	1瓶3效=洗衣液+除菌剂+增香珠	
		强力除螨菌尘,洗去99.9%以上的细菌和螨虫	
		有效去除难除异味,纯植物松木甜橙清香	
		权威机构敏感肌和宝宝肌测试,不添加除菌剂	
	智净浓缩机洗露	浓缩+3倍洁净力	
		除菌率高达99.9%,除螨率高达99%	
		防串色因子	
		复合酶技术	
	餐具净	APG欧盟有机认证因子	
		食品用配方,果蔬也能安心洗	
		除菌率≥99.9%,塑料餐具有效去油	

文案要求	（1）根据公司活动目标，结合平台规则，制订"双十一"直播策划方案。 （2）撰写直播预告文案。 （3）撰写直播脚本
自我检查	确认签名：
组长意见	确认签名：
部门验收人	确认签名：

项目目标 🛒

➤ **素质目标**

1.通过对直播带货的学习，加深学生对国家经济形式的认识和了解。

2.树立技能就业、创业的意识，培养用技能和勤劳创造美好生活的就业观。

➤ **知识目标**

1.了解直播策划的基本要素、方法。

2.掌握直播预告文案的撰写方法。

3.掌握单品直播脚本、整体流程脚本的装卸方法。

➤ **能力目标**

1.能够结合营销目的、根据选品策划直播方案。

2.能够根据主题撰写直播预告文案、直播脚本。

NO.1 任务一

直播方案策划

任务描述 🛒

根据"项目引入"中的文案工作任务单，制订直播策划方案，撰写直播预告文案、脚本等。文案专员李明需要熟悉直播类型、直播流程各个板块的工作内容，掌握各个直播时间段的特点和直播主题的确定原则和方法，为一加婴童用品店策划"双十一"直播活动。

知识储备 🛒

一、明确直播目的

直播本质上是一种营销方式，直播的目的大致可以分为3种类型：短期营销、持久性营销、提升知名度。电商直播带货，多以持久性营销为目的。对于持久性营销而言，其直播目的在于保证直播平台持续卖货，获得比较稳定的用户。所以，这类直播目的的直播主题也应该具备长远性的特点。

二、确定直播主题

直播主题决定了用户是否有兴趣进直播间观看。选对了主题，才能真正抓住用户的心。直播主题制订需要把握以下几点。

1.抓住用户口味

"每一位顾客都是上帝"，直播行业也不例外，直播主题的策划应以用户为主，抓住用户的口味，从以下角度切入：引起用户情感共鸣；选择用户喜爱的话题；让用户投票选主题。

2.抓住时事热点

在互联网时代，热点代表了流量，因此，及时抓住时事热点是做营销的不二选择。热点的特点是关注度高、吸引眼球足够多，如果率先借势，就比别的直播先获利。抓住时事热点，首先要主动关注热点，其次是紧跟风向，快速出击。

🔖 小试身手

在网上搜索优质电商直播带货的直播主题，可以是淘宝店铺的直播主题，也可以是今日头条或拼多多、京东等平台的直播主题。找出后收藏、分享，并说明这个直播主题的优点有哪些。

直播主题	优　点
主题1：	
主题2：	
主题3：	
主题4：	
主题5：	

三、确定直播时间

1.直播时间分段及其特点

直播带货时间主要分为以下几个时段，见表6.1.1。

表 6.1.1　直播带货时段特点分析

时间段	观看直播的观众类型与特点	竞争环境分析
早上	观看直播的观众时间较为自由，收入相对稳定，没有固定支持的主播	该时段多为中小主播开播，且人数少、竞争小，是圈粉的好时机
中午	观看直播的观众多为上班族，观看直播多为午休时间放松一下	该时段平台开播主播人数逐渐增加，竞争逐渐变大，是维护粉丝、展示才艺的时间
晚上	平台迎来流量高峰，各类直播的观众都在这段时间涌入平台	主播抢人开始，大主播高手云集，是刺激消费的时间
凌晨	观看直播的观众多为"夜猫子"，更愿意和主播交流	大主播已下线，中型主播开播，主动抓住培养忠实粉丝的好机会

2.直播时段选择

新人主播建议凌晨开播，中型主播可选择中午和晚上开播，大主播可选晚上黄金时段开播。固定自己的开播时间，培养粉丝的观看习惯，让粉丝记住开播时间。直播时间固定了，时间久了粉丝就会习惯，会在固定的直播时间上线陪伴和支持。

素养提升

直播带岗　"云"上应有更多期待

搬进直播间的招聘会是顺应数字化时代要求、提高市场资源配置效率的有益尝试，期待更多求职者能通过多元化招聘方式找到称心的工作，更多企业能在招才引才中汇聚发展活力。

"公司包吃住吗？""女38岁、男44岁，能干什么活？"一家电子厂的网络直播间里，一条条弹幕刷过，主播依次解答网友提问。不同于常见的直播间，这个直播间不"带货"，只"带岗"。

我国有超过2亿名技能劳动者，但制造业等行业劳动力结构性短缺的情况依然存在。一边是"招工难"，一边是"就业难"，求职者与企业之间的信息不对称、供需不匹配等因素，影响了招聘效率。

人力资源和社会保障部发布《关于加强企业招聘用工服务的通知》，提出要推广运用直播带岗、远程面试等新型招聘对接模式。用好这些云端招聘新模式，有助于供需更精准地对接。

　　无论是对个人还是企业，搬进直播间的招聘会，都是顺应数字化时代要求、提高市场资源配置效率的有益尝试。将这一尝试往前推进，使之充分发挥作用，还需解决一些问题。比如，某些企业出现岗位信息真假难辨、口头约定难以落地等现象，有的求职者反映存在个人信息泄露等情况。对此，相关部门有必要规范发展、靠前监管，相关平台也需切实履行社会责任，加强对企业相关信息的核实。

　　归根结底，"直播带岗"只是手段，能否留住人、用好人，关键还得看线下工作体验。企业只要不断深耕技能人才培育、保障职工福利待遇、拓宽职业发展空间，就会有更多劳动者踏"云"而来，企业也能真正乘"云"而上。

（资料来源：人民日报人民时评）

四、熟悉直播流程

（一）直播前

1.策划直播内容

　　直播内容是直播电商中呈现给用户的部分，主要是主播展示以及与用户之间的互动过程。直播内容主要通过直播脚本以及主播话术来呈现。在直播前，根据直播目标编写直播脚本、设计主播话术，做好直播内容的策划，以达到引流、留客、锁客和回流的目标。

直播策划

2.推广直播活动

　　直播间的流量也即直播的人气值，流量越高越容易被推广，也就能够获得更多的粉丝关注，得到更高的热度。直播前期的引流推广工作主要包括两部分，一是确定引流推广的形式，包括图文、短视频等；二是确定引流推广渠道，将图文、短视频等内容投放到各渠道，为直播活动预热、推广。

（二）直播中

1.预热开场

　　直播开场是整场直播过程中重要的一环，一个好的开场有利于承接极速流量，只有把直播开场做好了，直播的数据才不会差。开场时进入直播间的用户并不一定有购买的需求，又或者有潜在需求。因此开场时需跟用户进行互动，与用户建立联系，激发用户需求。

2.介绍产品

　　介绍产品是直播实施的重要环节，这个环节能够让消费者清晰地了解产品，增加对产品的信任度，同时也能够加强企业品牌宣传。在介绍产品的时候需要有逻辑、有重点地进行讲解。用户在直播间停留的时间是有限的，如果主播在介绍产品的时候东讲一句、西讲一句，就会让顾客听不清楚，直播间的流量就会流失。

3.促单转化

　　在直播活动中，促单转化是整场直播的核心任务。促单的目的在于解决顾客的顾虑，激发顾客的潜在欲望，所以在进行促单转化的时候，要利用直播间氛围制造稀缺感，为顾客塑造一个理由，让顾客知道为什么此时要在直播间购买。

4.结束直播

直播的目的不仅在于盈利,还在于实现品牌的宣传和销售转化。结束直播也是直播实施中重要的一个环节。主播可以通过创建粉丝群、发放福利等方式引来大量流量,引导用户加入社群或粉丝群,从而将新用户转化为老用户,又将老用户转化为忠实用户。

(三)直播后

1.视频存储

直播结束后,将视频下载至本地或生成回放链接广泛传播,进行二次营销。

2.数据复盘

直播结束后,将累积用户量、在线人数、地域分布、渠道来源、观看时长、互动消息数等生成可视化数据报告,方便企业评估直播效果。

3.跟踪转化

直播营销是线上与线下的结合,线上获取用户,线下迅速跟踪。比如,青睐直播除了提供数据报告,更能通过多维数据分析将观看者由高到低做价值排序,有利于对高价值用户的及时跟踪转化。

任务分析 🛒

通过知识储备的学习,为了一加婴童用品店"双十一"的直播策划,文案小组进行了任务分析、讨论,主要涉及以下几个问题:

1.本次"双十一"大促直播的目的是什么?

2.目标人群是哪些?

3.直播的主题是什么?

4.在哪个时间段进行直播?

5.直播的流程是怎样的?

任务实施 🛒

通过任务的分析和讨论,按以下步骤完成任务。

步骤一:了解客户需求,明确直播目的。

通过项目导入任务可以了解到客户直播的目的主要是提高品牌知名度,实现销售目标。

步骤二:分析目标人群

本次主要在抖音做直播,因此登录巨量算数网站查找产品目标人群需求分布,如图6.1.1所示。由图可知:洗涤用品的目标人群是31~40岁的人群,男女均有,女性比例稍大。

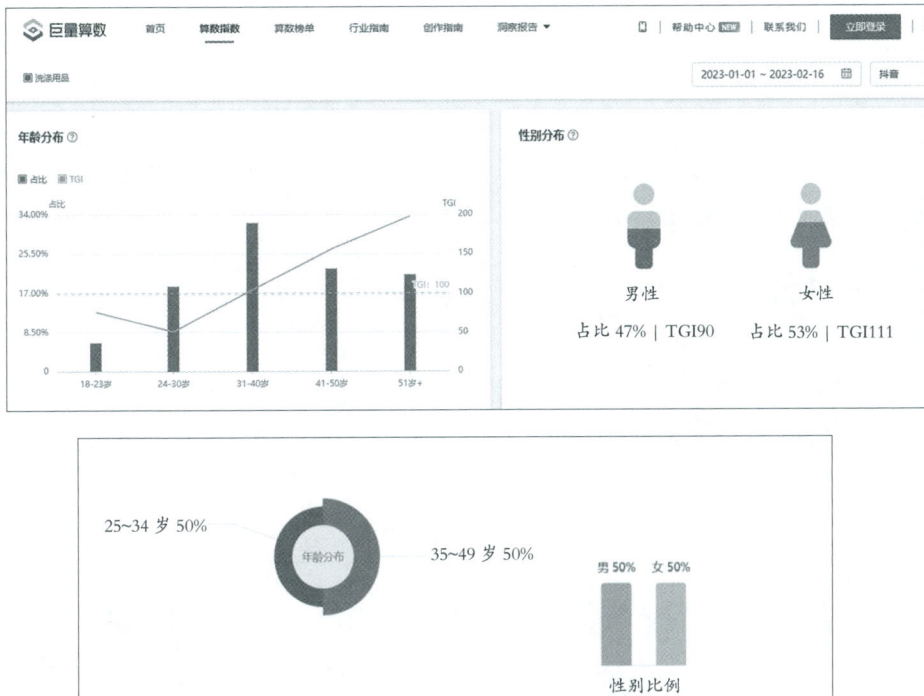

图6.1.1 产品目标人群需求分布

步骤三: 确定直播主题。

根据本次"双十一"直播目的、目标人群特点,确定本次直播活动主题为:亲肤除菌,守护健康。

步骤四: 确定直播时间。

根据本次"双十一"直播的目的是刺激消费、目标人群的观看时间,确定本次直播活动时间为:11月11日19:00—24:00。

步骤五: 明确直播流程。

1.直播预热

制作预热海报、短视频,撰写预热软文,在微信、朋友圈、微博、公众号、贴吧、论坛等平台发布宣传海报或者软文,全面扩散。

2.直播营销

针对店铺的6类产品:天然亲肤洗衣液、亲肤皂粉、三除液、智净浓缩机洗露、餐具净的定位撰写直播话术,对产品进行场景营销,介绍产品卖点,分享健康洗护知识。

3.直播互动

(1)互动聊天:与粉丝进行有效互动,提高直播间关注度、粉丝停留时间、提高直播间转化率。

(2)促销配合:根据营销方案,撰写促销文案,在直播过程中穿插秒杀活动、免费体验活动、代金券活动等。

(3)娱乐互动:15分钟一轮进行抽奖、发红包互动。

(4)场控、助播与主播团队合作,默契配合,在直播间有效沟通,也与粉丝有效沟通。

4.直播结束

主播结束本场直播后,对下一场直播进行预告。

5.直播复盘

团队对本场直播进行数据复盘,对累积用户量、在线人数、地域分布、渠道来源、观看时长、互动消息指标进行分析、总结。

同步实训 🛒

一加电器店近期在抖音平台推出新款产品便携烧水杯,并将该系列产品定位为直播间福利款产品,目的是提高直播间人气,为直播间引进有效流量。请根据产品信息,对该产品的直播活动进行策划,完成表6.1.2。

表 6.1.2 直播策划表

一、产品信息	产品名称:便携烧水杯 产品卖点: 一杯多用=烧水壶+保温杯+调奶器 安全=关盖密封,烧水更安全 轻巧便携=一手可握,轻松入袋 健康=实现热水自由 产品颜色:粉色、蓝色、白色
步　骤	内　容
一、明确直播目的	
二、分析目标人群	

续表

三、确定直播主题	
四、确定直播时间	
五、明确直播流程	

NO.2

任务二

直播预告文案

任务描述 🛒

上一任务中，文案专员李明已经完成直播活动的策划，根据"项目导入"中文案工作任务单的要求，本任务撰写直播预告文案。

知识储备 🛒

直播预告文案是直播预热活动的灵魂,优秀的直播预告文案可以让直播间在开播前攒够人气。

直播预告文案

一、直播标题

在直播广场、正在直播列表、回放直播列表中,有不少商家、个人同时直播,能吸引人的往往是直播标题更有创意的。好的标题等于成功了一半,不够吸引人的标题则会在无形中被埋没。

1.直播标题的类型

(1)问题式标题

通过提问引起关注,从而促使用户产生兴趣,进而思考,产生共鸣而留下印象。例如,才艺类直播的标题:"舞跳成这样的主播你们有没有见过?"

(2)悬念式标题

用令人感兴趣而一时又难以做出答复的话作为标题,用户会由于惊讶、猜想而进入直播间。例如,知识干货类直播的标题:"听说99%的人都不知道的冷知识"。

(3)场景化标题

越贴近生活的真实场景,标题越容易击中用户,从而吸引用户进入直播间。例如,带货直播标题:"让胖妞瘦30斤的时髦穿搭。"

(4)人设类标题

突出自身某一性格或特质,吸引欣赏这一特质的人,如"甜美治愈系女孩"。

(5)借势类标题

例如,带货直播"某某知名演员推荐的BB霜""某某名人也在用的面膜"等。这样的标题就是利用观众对知名演员/某个领域的专家的信任,给自己的产品背书,让用户对产品有期待值。

(6)数字型标题

一般是当季热销产品的标题结构,用促销、活动数字直接抢直播间的公域流量。比如,"夏季连衣裙19.9元秒杀""冬季羽绒服99元清仓""第一批冬草莓1折抢"等。再比如,"限量好货一折秒杀",一折的产品是"限量"的,用"一折"作为诱饵,让用户意识到优惠的力度之大,再用"限量"营造紧迫感,加快用户点击的速度,提升直播间人气。

(7)反向型标题

逆向思维就是在常规思路上逆向表达,制造反差,吸引用户的目光,如"别点,点就省钱"。这个直播标题用的就是反向思维的方法,别人都说"点我",但"我"偏要说别点,然后紧接着又说,点就省钱。先引起反差,然后再制造惊喜,让用户有新鲜感,偏偏要点,从而进入直播间。

（8）教学型标题

这种方法比较直接，与戳痛点相似，但又有所不同。相似的地方在于，告诉用户能解决什么；不同的地方在于，教学类直播标题更直接，范围更广，更倾向于知识干货类直播。比如，"教你如何唱出好声音"这类教学速成型直播标题，对于想在短时间内看到效果的人来说，极具吸引力。

2.直播标题常用的高频词与禁忌词

直播标题常用的高频词见表6.2.1，直播标题的禁忌词见表6.2.2。

表6.2.1 直播标题常用的高频词

类 型	内 容
名词	专场、盛宴、福利、折扣、豪礼、狂欢、惊喜、大赏、大促、好礼、好/高货、精品、优惠
动词	登场、抢、嗨、玩转、×××开启/来了/来袭、大放送、钜惠、特卖、直降、错过会×、速来、势不可挡、燃爆
形容词	限量、限时、超强值低划算、震撼、火爆、满分、热门、心动、高档、高能
副词	××不停、××多多、不×会亏、值得×、××翻倍、×手软
量词	一大波、全场

表6.2.2 直播标题的禁忌词

类 型	内 容
极限词	"国家级""最""第一""绝无仅有""世界级"等夸大或误导性的极限词
过度引导点击	"点击领红包""点击参加抽奖""你的通信录好友""ta正在关注你""530万人看过"
虚假宣传	"倒闭""滞销""亏本""清仓""挥泪大甩卖"
其他	其他法律法规、平台规定禁止出现的内容

✎ 小试身手

请为以下直播选择合适的直播标题类型，撰写标题。

直播类型	直播预告文案
聊天交友	
才艺	
游戏	
带货	
教育培训	
美食吃播	

二、直播预告文案类型

1.品牌型直播预告文案

直播带货给消费者留下了"物美价廉"的印象，但也容易让消费者对产品质量产生怀疑。在直播预告文案中，能够以品牌加持，可以打消消费者对产品的顾虑，增加信任感。

2.价值型直播预告文案

消费者看直播最关心的是：你的直播可以为我带来什么？是价格优惠的产品，还是值得收藏的干货？没有价值作为核心支撑的直播，80%以上不能吸引消费者主动来直播间。因此，在直播预热文案中，可以告诉消费者直播能为其带去什么。例如，想要好皮肤一定要看我的直播；想变美的女生们一定要看我这期的直播，有惊喜哦！

3.福利型直播预告文案

消费者为什么喜欢在直播间购物，最大的影响因素就是直播间的产品价格便宜。在进行预热图文制作时点明直播间的优惠力度，这样进入直播间的消费者一旦确认了优惠活动的真实性，购买的可能性极大。例如，凡进入直播间的观众都能抽奖，奖品丰富，有iPad、化妆品等；直播间有多轮抽奖，红包多多，福利多多。

4.借势型直播预告文案

直播可以借势明星撰写预告文案。如果直播间产品是明星同款，可以在文案中带相关热门话题，带热门话题的内容所获得的曝光会更高。

5.悬念型直播预告文案

一场直播活动至少1小时，图文宣传不能介绍所有的环节。预告文案可以设置悬念，留一半藏一半。在图文制作时，采用"填空题"的形式，激发消费者的好奇心。例如，如果不是全网最____怎么会让上千万人挤在一个屋子里买东西？倒计时1天时，直播预告文案为：如果不是全程都____怎么会让不买东西的人也舍不得离开？用这种"欲语还休"的方式引起消费者的好奇心，让消费者产生进入直播间的欲望。

6.抽奖型直播预告文案

直播预告图文可以采用内容预告+转发抽奖，进行裂变宣传。图文内容包括直播时间、直播内容以及转发抽奖。直播时间和直播内容都是直播预告必备项，重点在于完成"关注+转评赞"或者"转发评论"的用户，有机会抽取红包、大额抵用券、电脑等惊喜福利。例如，关注+转评赞，抽9人随机送下图9款产品中的任意1款。

7.直接型直播预告文案

在直播预告文案中直接分享直播产品清单，并预告部分产品优惠，吸引精准用户进入直播间，提升产品转化率。这种方法适用于有一定粉丝基础的主播。

✎ 小试身手

请为以下直播选择合适的直播预告文案类型，撰写直播预告文案。

直播类型	直播预告文案
聊天交友	
才艺	
游戏	
带货	
教育培训	
美食吃播	

🛒 任务分析

通过知识储备的学习，为了一加婴童用品店"双十一"大促直播预告文案，文案小组进行了任务分析、讨论，主要涉及以下两个问题。

1."双十一"大促直播标题。

2."双十一"大促直播预告文案。

任务实施 🛒

通过任务的分析和讨论,按以下步骤完成任务。

步骤一: 直播间标题,见表6.2.3。

表 6.2.3　一加婴童用品店"双十一"直播标题

时段	"双十一"前	一加婴童用品"双十一"福利提前购!超级宠粉日好礼送不停
	"双十一"中	"双十一"清仓福利炸不停,再不来就抢光啦
	"双十一"后	"双十一"福利返场,高端亲肤洗涤用品,清仓1折
产品	天然亲肤洗衣液	听说99%的妈妈都爱用的洗衣液
	亲肤皂粉	太干净了!让细菌污渍都怕的皂粉
	"三除"液	洗衣液+除菌剂+增香珠,三效合一
	智净浓缩机洗露	妈妈们都爱用的洗衣露
	餐具净	限量高端洗涤用品,3折疯抢

步骤二: 撰写直播预告文案,见表6.2.4。

表 6.2.4　直播预告文案

序　号	类　型	举　例
1	品牌型	时尚高端、健康亲肤的洗涤用品任你挑选,今晚8:30,不见不散
2	价值型	想除菌又健康?快试试"好宝宝"亲肤皂粉!想要护手又去污渍,快进来抢购"好宝宝"餐具净
3	福利型	进入直播间的观众,每10分钟一轮福袋,价值200元的洗涤用品大礼包惊喜送不停
4	抽奖型	所有妈妈们看过来,"好宝宝"高端系列洗涤用品"双十一"超值折扣,点击关注+转评赞,抽10人随机送亲肤洗涤用品套餐
5	直接型	今天晚上8:00与你一起疯狂种草十大洗涤用品好物:天然亲肤洗衣液、亲肤皂粉、三除液、智净浓缩机洗露、餐具净……全部限时秒杀

同步实训 🛒

一加电器店15周年店庆,店庆当日在抖音平台隆重举行直播活动,时间为18:00—24:00。参与本次直播活动的活动产品见表6.2.5,请为本次直播活动设计至少5类不同的直播标题和直播预告文案,填写表6.2.6。

表 6.2.5 一加电器店直播产品列表

序 号	产品名称
1	迷你电饭煲：1~2 人适用的小型煮饭锅
2	电热水壶：家用 316 不锈钢自动保温
3	吹风机：家用恒温护发大功率电吹风
4	电风扇：家用遥控落地扇立式摇头节能大风力

表 6.2.6 直播标题和预告文案

直播标题	
1	
2	
3	
4	
5	
直播预告文案	
1	
2	
3	
4	
5	

NO.3

任务三

直播脚本

任务描述 🛒

上一任务中，文案专员李明已经完成直播预告文案的撰写，根据"项目导入"中文案工作任务单的要求，本任务撰写直播脚本。

单品直播脚本与整场直播脚本的区别

知识储备 🛒

直播是动态的过程,涉及人员配合、场景切换、产品展示、主播表现、促单活动等。制订一份清晰、详细、可执行的直播脚本,是一场直播流畅进行并取得效果的有利保障。

直播脚本一般可以分为单品直播脚本和整场直播脚本。单品直播脚本顾名思义就是针对单个产品的脚本。以单个产品为单位,规范产品的解说,突出产品卖点。整场直播脚本就是以整场直播为单位,规范整场直播节奏流程和内容。

一、单品直播脚本

1.单品直播脚本主要内容

单品直播脚本一般包括产品品牌介绍、产品卖点介绍、利益点强调、促销活动、催单话术等内容。以服装为例,单品直播脚本需详细地描述衣服的尺码、面料、颜色、版型、搭配要点等细节。最重要的一点是凸显价格优势,及时回答粉丝的问题。

常规来说,策划一份单品直播脚本,主要从以下几个方面进行设计:品牌介绍、利益点强调、引导转化、直播间注意点。护肤类单品直播脚本内容提要见表6.3.1。

表 6.3.1 护肤类单品直播脚本内容提要

目标	宣传点
品牌介绍	品牌理念
利益点强调	最低价
引导转化	适合任何肤质的护肤品
	爱自己
直播间注意点	关注店铺
	分享直播间
	点赞
	下单

2.单品直播脚本卖点提炼

(1)产品特征:产品独特的成分或者功能的说明,通常用陈述句表述。

(2)产品优势:基于上面的产品特征,产品的优势体现在哪里?这是站在产品角度阐述的优势。

(3)消费者利益:以上产品优势,能为消费者解决什么样的问题?这是站在消费者的角度来作阐述。然后再加上在你的直播间购买这款产品的额外好处。

(4)赋予情感:体现更高的同理心,和粉丝情感达成共鸣。

例如，某款粉底液的产品价值提炼，见表6.3.2。

表 6.3.2　某粉底液的产品价值提炼

产品特征：这款粉底液不含油、不含硅、不含香料和防腐剂，加入丁香花植物干细胞成分。 产品优势：具有保湿、抗氧化、防晒等天然矿物修复功能。 粉丝利益：××协会推荐，安全系数爆表，是一款宝妈、孕妈都可以用的粉底液，完全不用再担心化妆会伤害皮肤这件事。今天在直播间还为大家申请了前所未有的优惠活动⋯⋯ 赋予情感：会养肤的粉底液

3.单品直播销售话术拆解

在直播带货过程中，绝大多数人有过这样的困惑：拿到产品却不知道该怎样向别人介绍；讲了半天没人感兴趣；直播了大半天，下单的寥寥无几⋯⋯究其根源在于以下几点。

（1）不懂得如何将产品与消费者建立起联系，让消费者觉得自己需要。

（2）不懂得如何介绍产品的亮点，以打消消费者对产品的疑虑，激发消费者的消费兴趣。

（3）不懂得消费者的消费心理，不会运用销售策略刺激用户下单。

以某品牌精华话术为例，进行话术拆解。

"脸一遇烫水，一遇热水，泛红，一用大牌养肤性特别强的精华面霜，皮肤红肿的女生在不在？爱长痘痘的女生在不在？长了痘痘、有粉色痘印的女生在不在？脸部红血丝很严重的女生在不在？我给你推荐这款自用的修复精华液，这一瓶就是可以稳住你肌肤状态的产品。它贵，但是它真的很好用，为什么？它是某集团下面专门做放量的护肤品牌。他们家这款精华就是帮你修复加维稳，让你的肌肤不过敏，让你的肌肤都舒缓下来。我就一句话，trust me！有经济条件的，买它！你把你的肌肤状态调整好之后，再去用大牌，你的大牌才会吸收。调整不好，你用再多大牌都是不吸收的。我用空无数瓶的精华！今天给大家做的是限量包装，精华大瓶50 mL，附赠他们家亮灯化妆镜，还送一瓶他们家最有名的橙花精露4 mL，以及5 mL的舒缓面霜，然后直播间再加5 mL的舒缓精华，再加两个50 mL的洗面奶，这么多到手，只要680元，我只有1 600套。3、2、1上链接！"

这套单品直播话术，主要由以下几个要点构成：

（1）还原场景：描述场景激发观众的情绪，引起直播观众注意。

（2）抬高需求：帮观众总结需求，并告诉观众这个需求不难被满足。

（3）展示亮点：强调货品品牌及其功能，打消观众顾虑。

（4）灌输概念：说出潜在的理念，而且用"自用"做信任担保，强化认同感。

（5）促进成交：限时、限量版，附带赠品，促成下单。

单品直播话术见表6.3.3。

表 6.3.3　单品直播话术

还原场景	思路	如果没有……，就会……，你会在什么场景下使用／需要它，创造购买理由
	示例	你知道吗？前两天我试用了一个大牌的精华，试完之后整个脸红到"爆炸"；有些人一到冬天脸就变成"红苹果"
抬高需求	思路	你碰到的这些问题，今天推荐的这款产品能够轻松帮你解决
	示例	这个是每家每户都能用的"万金油"产品，是一款修复肌肤的好产品，可以抵御肌肤的敏感、干燥、脱皮、皲裂，以及修复肌肤的受损
展示亮点	思路	从产品成分、权威认证、销量排行、用户好评、信任担保等角度打消观众的疑虑
	示例	这款产品无酒精、无香精、无矿物油；这款产品在小红书有 10 万篇"种草"，只要买过就会想要给你身边的人推荐的产品
灌输理念	思路	多问一定会答"YES"的问题，增强观众对产品的认同感
	示例	"美眉"们买护肤品一点都不要省，买护肤品一定不要满足自己的虚荣心，摆在那里就觉得皮肤会好？ NO！护肤品就要往脸上"堆"
促进成交	思路	用限时、限量款抢购，额外赠品等销售策略，营造稀缺感，刺激观众下单
	示例	原价 138 元 1 瓶，直播间 108 元 2 瓶，还送 1 瓶同款身体乳给你们

4.单品直播脚本编写

撰写一份简单的单品直播脚本，以表的形式，将产品的卖点和优惠活动标注清楚，可以避免主播在介绍产品时手忙脚乱，混淆不清。常见的单品直播脚本框架见表 6.3.4。

表 6.3.4　单品直播脚本框架

直播主题	来太空舱"约惠"吧					
单品播出时长	10 分钟					
直播目的	直播间单款循环直播销售，为直播间引流					
分工	主播、助播、客服					
时长／分钟	内容	主播	话术		副播／助播	后台／客服
1	卖点引出	引导关注、点赞	欢迎宝贝们进入我的直播间，我们直播马上要开始咯，没有关注的左上角的关注记得点一下。我现在呢，在我们的广州星月家居店，将带领大家体会头等舱的感觉，好不好		拿出手机引导关注、点赞	配合弹幕互动，引导关注

续表

6	产品介绍、试用	介绍卖点： （1）0靠墙设计。 （2）头层牛皮。 （3）电动调节，能坐能躺、耐磨耐脏、好打理。 （4）80斤到500斤，承重能力强。 （5）核心钢架10年上门保修	向大家介绍一下，单人位太空舱沙发。 大家看一下这个颜色，真的太好看了这个颜色。 来带大家感受一下，哇！头层牛皮座椅，这个触感太细腻了，非常好打理，家里如果有小朋友或者是不小心弄上了污渍在沙发上，也是很好打理的，直接用湿纸巾或者湿毛巾擦拭就OK了！ 镜头可以推近一下，大家看一下，我的颈部跟我的腰部是完全契合的哦。 另外这一款还是电动调节的座椅，可随意调节角度，坐着躺着都可以！ 我们的沙发它的承重力是很强的，80斤到500斤都是没有任何问题的！ 不只这样，我们的核心钢架如果有损坏，10年保修哦，而且还是上门服务的！ 大家可以放心购买，不管是质量还是颜值，它都是很棒的！ 独有的0靠墙设计，也能够更加地节省空间！另外这个座椅还是自带USB充电接口的。 大家可以想象一下，工作了一天，到家躺在沙发上，放松下来，所有的疲劳以及不好的心情，全都消失了，整个世界都安静了！不管是买来送给自己还是孝敬长辈，都是很不错的选择哦	配合主播、回应、烘托气氛	评论区回复粉丝问题
3	促单销售	点赞越多、扣想要的越多、福利越大	今天这款太空舱电动单人沙发只要3 299元，哇，真的太划算了！头层真皮的电动沙发，居然3 000元出头就能到手。告诉我给力不给力！还不够！想要的宝宝们在屏幕上扣"要"，让我看一下！扣"要"的越多我给大家的优惠越大好不好！大家要知道，我们这款沙发在门店是没有任何折扣优惠的，而且销量很高，这个颜色、这个设计以及这个舒适感，真的很超值！宝宝们热情很高啊！这样吧，既然来到直播间还等什么？这么划算还要再给优惠嘛！大家热情也这么高，给大家降价100元够不够！200元够不够！当然还是不够！大家准备好了，我数5个数，运营准备好改价！5、4、3、2、1！改价！线下门店3 905元的电动单人沙发今天在我直播间，只要关注了我的宝贝们直接到手3 014元！就问大家给力不给力！炸不炸！3 014元你买到的是一款真皮沙发座椅！是一个可电动调节的沙发！是一个可以充电打游戏的沙发！来，助理，教一下大家怎么下单	（1）配合主播：太给力了吧！ （2）配合主播：上好了！ （3）拿出手机引导下单	弹幕配合：点击关注领券下单减200元

小试身手

阅读海南千禧果10分钟单品直播话术，按照下表拆解脚本，完成表的填写。

素材位置: 项目六 任务三 小试身手素材1

直播主题					
单品播出时长		10分钟			
直播目的					
分工		主播、助播、客服			
时长	内容	主播	话术	副播/助播	后台/客服

二、整场直播脚本

（一）整场直播脚本的作用

1.把控直播流程

准备脚本，是为了让直播按照流程顺利进行。策划直播脚本就是提前对直播时间、地点、产品讲解及上架顺序、直播抽奖等各个环节进行安排。方便直播前预习，让直播顺着流程走完，有助于提升直播效果和带货转化。

2.设计直播话术

提前准备直播话术，例如，直播开场台词、促单话术、引导关注话术等，有哪些内容，哪些方式，列好大纲和参考数据，方便主播在直播时，通过脚本中的话术提示，调动直播间气氛，把控直播节奏。

3.直播复盘参考

直播结束后进行复盘时,总结分析直播数据,并对比直播脚本中的策划方案进行总结,哪些做到了,哪些还需要改善。

(二)整场直播脚本基本框架

整场直播脚本一般包含直播主题、目标、时间、时长、卖点、分工、安排、内容等,表6.3.5为一场3小时的直播脚本基本框架。

表6.3.5　整场直播脚本基本框架

直播主题	品牌女装特卖清仓				
直播目标	卖货6万,涨粉1 000				
播出时间	每晚9点		播出时长	180分钟	
本场卖点	品牌特价折扣、入团专属礼品、福利大放送				
分　工	主播、助理/副播、场控、后台				
时间安排	内　容	说　明	主　播	副播/助播	后台/客服	备　注
20:50—21:00	热场交流+抽奖	与粉丝寒暄+鼓励转发直播+刺激互动	与粉丝互动+说明福利	回答问题+新品展示	粉丝推送+粉丝互动	说一下今天的优惠以及直播间的福利
21:00—21:10	引流福利款1款	介绍价值+鼓励转发直播间+组织点赞+刺激互动	产品讲解+秒杀	产品细节讲解补充+展示	回复后台客户问题+产品维护	把人气拉到平均水平
21:10—21:30	第一批:常规主打款2~3款	介绍产品+引导互动+活动介绍+突出限时限量	产品讲解+秒杀	产品细节讲解补充+展示	回复后台客户问题+产品维护	注意回复问题+下单指导
21:30—21:40	引流福利款1款	介绍价值+鼓励转发直播间+组织点赞+刺激互动	产品讲解+秒杀	产品细节讲解补充+展示	回复后台客户问题+产品维护	看人气值,拉人气
21:40—22:00	第二批:常规主打款2款	介绍产品+引导互动+活动介绍+突出限时限量	产品讲解+秒杀	产品细节讲解补充+展示	回复后台客户问题+产品维护	注意回复问题+下单指导

续表

时间安排	内　容	说　明	主　播	副播/助播	后台/客服	备　注
22：00—22：20	第一批+第二批过款	介绍产品+引导互动+活动介绍+突出限时限量	产品讲解+秒杀	产品细节讲解补充+展示	回复后台客户问题+产品维护	注意回复问题+下单指导
22：20—22：25	抽奖	缓解疲劳+刺激活动+促进留存	截图抽奖+10个粉丝	引导关注	备注中奖粉丝信息	告知参与抽奖的规则、方式
22：25—22：50	第三批+常规主打款3款	介绍产品+引导互动+活动介绍+突出限时限量	产品讲解+秒杀	产品细节讲解补充+展示	回复后台客户问题+产品维护	注意回复问题+下单指导
22：50—23：00	引流福利款2款	引流福利款1款	介绍价值+鼓励转发直播间+组织点赞+刺激互动	产品讲解+秒杀	产品细节讲解补充+展示	看人气值，拉人气
23：00—23：20	第四批+常规主打款4款	介绍产品+引导互动+活动介绍+突出限时限量	产品讲解+秒杀	产品细节讲解补充+展示	回复后台客户问题+产品维护	注意回复问题+下单指导
23：20—23：30	第三+第四批过款	介绍产品+引导互动+活动介绍+突出限时限量	产品讲解+秒杀	产品细节讲解补充+展示	回复后台客户问题+产品维护	注意回复问题+下单指导
23：30—23：35	抽奖	缓解疲劳+刺激活动+促进留存	截图抽奖+10个粉丝	引导关注	备注中奖粉丝信息	告知参与抽奖的规则、方式
23：35—23：50	第一、二、三、四批过款	介绍产品+引导互动+活动介绍+突出限时限量	产品讲解+秒杀	产品细节讲解补充+展示	回复后台客户问题+产品维护	注意回复问题+下单指导
23：50—23：55	抽奖	缓解疲劳+刺激活动+促进留存	截图抽奖+10个粉丝	引导关注	备注中奖粉丝信息	告知参与抽奖的规则、方式
23：55—24：00	结束	预告下场直播	与粉丝互动+说明下场直播福利	引导关注	弹幕直播预告时间+福利	注意回复问题

素养提升

直播正成为亲子知识、消费、购物的重要途径

2022 年度母婴家庭养娃开销较去年有所下降，其中养育开销与去年基本持平，教育开销明显降低。

此外，防疫常态化促使宝妈宝爸更喜爱囤货，也对母婴产品的健康营养和安全舒适程度有了更高的要求。母婴消费渠道中，直播平台、妈妈社群、微信小程序团购等新兴渠道覆盖率均有较高增长。

新一代家长普遍为"学习党"，尤其关注婴儿成长指标管理和科学育儿知识获取，格外依赖专业母婴 App 满足学习知识、交流育儿经、孕育期工具管理、消费购物等需求。

从内容形式发展趋势来看，母婴人群对简单易懂、专业人士推荐、真实评测等知识类及种草广告形式接受度更高。

其中，"90 后"更青睐简单易懂的内容，"80 后"更看重实操性。同时，随着直播形式的流行，看直播正在逐渐成为宝妈宝爸学习知识、消费、购物的重要形式。受访的母婴人群中，88% 的人每周看 2 次以上直播；三线城市、高收入"95 后"是直播黏性最高的群体。

（资料来源：《2022 母婴行业洞察报告》，有删改）

三、整场直播话术

主播的直播话术要结合整场直播的节奏而定，主要有以下几类，见表6.3.6。

表 6.3.6　常见的主播直播话术

序号	类型	话术举例
1	开播暖场	（1）欢迎来到直播间！点击关注不迷路～每晚都有直播福利哦。 （2）感谢来到直播间的粉丝们，我直播时间一般是 × 点—× 点，今天会有重磅福利哦！千万不要走开。 （3）大家好，我还是新主播，有很多不懂的地方，如果有什么地方做得不够的希望你们多多见谅，有什么建议也可以直接在评论区留言
2	介绍宣传	我是×××，今天给大家分享几个美妆的小技巧，学会了你也可以是美妆达人，记得关注我，了解更多简单易上手的美妆技巧
3	引导关注	（1）马上就要进入抽奖环节了，没有关注的赶紧点亮关注，否则就没法参与抽奖了。 （2）今天我们的链接都爆单了！想要优先发货的宝宝可以加入主播粉丝团，助理小哥帮我记一下，加入粉丝团的宝宝优先安排发货哈！ （3）我们即将结束直播了，还是有很多宝宝在观看，但没关注主播的粉丝也不少哦，主播准备了 100 件打底，免费送给粉丝们！宝宝们想要的可以加个关注哦

续表

序号	类型	话术举例
4	产品介绍	（1）增强用户信任，例如，"我给我爸妈也买了，他们也觉得很好用。""大家可以去网上查一下这个品牌，年销量过亿，实打实的销量。" （2）专业讲解，例如，"这种全棉卫衣适合秋天穿，前面是撞色图案，领口几何形绗缝线，版型中长时尚百搭，可搭配紧身小黑裤，显得年轻有活力。""宝宝们有没有经常出去旅游的，但又不想拿太多东西。但是下雨了，只能在景区买伞。我们这把折叠伞，比普通的胶囊伞更加轻便，而且折叠简单，伞骨又做了加固处理……" （3）产品试用，例如，"大家看我穿这个L码是刚刚好的，很有弹力，穿起来又透气，主播身高体重在打公屏上……""哇哦，你看我的嘴巴有多水润，嘴巴特别干的女生一定要买它，嘴巴像果冻。"
5	引导互动	（1）发问互动，例如，"刚刚给大家分享的小技巧大家学会了吗？""你们能听到我的声音吗？""这款口红大家以前用过吗……" （2）选择性互动，例如，"喜欢左边这一套衣服的刷'1'，喜欢右边这一套的刷'2'"。 （3）节奏型话术，例如，"觉得主播跳得好看/唱得好听的刷波'666'。""刷波'520'让我感受一下你们的热情。"
6	引导评论	宝贝们，福利来了，喜不喜欢？喜欢的在公屏上告诉我一声，让我了解一下你们的喜好……不知道拍什么尺码的把身高体重打在公屏上，我给你们推荐尺码
7	引导停留	来，宝贝们，别忘了看时间，3分钟后一定记得提醒我给你们炸福利
8	引导加团	认可我们家产品的宝贝可以加一下粉丝团，自家宝贝必须宠，拍到了回来打一个"加急"
9	福利憋单	来，宝贝们待会如果没抢到不要生气，不要带节奏，今天直播福利不停，广告费我直接拿来给你们做福利就为了宠粉丝做口碑，一件短裙我要补贴20元，咱们这款先放50单给宝贝们练练手，下一款卫衣的福利继续放100单，支持主播的把粉丝灯牌亮一亮，抢到的记得回来打个"抢到"，帮主播做个证，不玩套路，真实放单
10	催单促单	（1）"先付先得、最后2分钟！最后2分钟！手慢无。" （2）"好咯好咯，我们马上就结束直播了哦，最后加××套，今天播完后不会再有这个优惠了，因为实在亏本出售了，所以宝宝们要抓住机会哦。别等要用的时候再原价去买！" （3）"大家手速都很快啊，才一会儿就没货了，我看看还能不能申请多加一些，没下单的宝宝们留意，我们等会儿再给大家上××件。"
11	下播感谢	（1）非常感谢所有还停留在我直播间的粉丝们，我每天的直播时间是×点—×点，风雨不改，没点关注的记得点关注，点了关注记得每天准时来看哦！再见！ （2）"今天的直播接近尾声了，明天晚上×点—×点同样时间开播/明天会提早一点播，×点就开播了，大家可以点一下哦，各位奔走相告吧！"

小试身手

认真阅读直播话术，拆解脚本，完成表格的填写。
素材位置: 项目六　任务三　小试身手素材2

直播主题						
直播目标						
播出时间			播出时长			
本场卖点						
分工						
时间安排	内容	说明	主播	副播 / 助播	后台 / 客服	备注

任务分析 🛒

　　通过知识储备的学习，为了完成一加婴童用品店"双十一"大促当天晚上的直播脚本，文案小组进行了任务分析、讨论，主要涉及以下两个问题:
　　1.撰写主推产品的直播脚本。
　　2.撰写"双十一"当天晚上整场直播脚本。

任务实施 🛒

　　通过任务的分析和讨论，按以下步骤完成任务。
　　步骤一: 撰写单品洗衣液直播脚本，见表6.3.7。
　　步骤二: 撰写"双十一"当晚整场直播脚本，见表6.3.8。

表 6.3.7　洗衣液直播脚本

直播主题	宝宝用"好"洗衣液			
单品播出时长	10 分钟			
直播目的	直播间单款循环直播销售，为直播间引流			
分工	主播、助播、客服			
时长	内容	主播	话术	副播/助理	后台/客服
1	欢迎	引导关注点赞	Hi，直播间的宝宝们大家好！我是主播××，今天的直播间有各种惊喜福利和超级实惠产品，大家记得点关注，千万不要离开！ 宝宝的健康成长离不开妈妈的呵护，对于宝宝的贴身衣物、用品，妈妈们都格外注意安全。怎么洗，用什么洗更健康、更安全，是妈妈们最关注的重点之一。今天给宝妈们推荐的是我们的好宝宝天然亲肤洗衣液	(1) 拿出手机引导关注。 (2) 配合主播、回应、烘托气	评论区欢迎、互动、引导关注
5	介绍产品	4个卖点，椰子油精华、敏感肌适用、天然定向酵素、无色素配方	宝妈们，这款洗衣液不添加荧光增白剂，安全无刺激，放心洗涤！你们看下成分表。除此之外，我们在洗衣液中添加天然定向酵素，有效去除孩子衣物上常见的奶渍、口水污、泥渍、食物渍等多种顽固污渍。宝妈们，你们尽管放心，这款产品经专业机构检测，真正做到低敏、安全，非常适合宝宝和敏感肌人群使用。尤其是这款洗衣液采用优质薰衣草香氛，香味温和又持久，宝宝娇嫩皮肤也不用担心，还能让你的宝宝时时刻刻都香喷喷的	配合主播 (1) 展示成分表。 (2) 展示检测报告。 (3) 回应主播、烘托气氛	评论区回复粉丝问题
5	产品试用	现场试用产品	宝妈们，我们现场给大家试用一下我们家的洗衣液。我们的助理小姐姐手上拿的是一件宝宝刚吃完饭后的围兜，上面有很多菜汁、油渍。这就是我们这款薰衣草味的天然洗衣液，只需要倒一点点在水里，充分揉搓。宝妈们，看看咯！泡沫非常丰富细腻，不需要很费力，只需要轻轻揉搓即可。非常温和、一点都不刺激！现在我们用水冲洗干净，宝妈们看下效果：干净吧！而且非常柔软，带着淡淡的薰衣草的味道，相信隔着屏幕的宝妈们都闻到了这股香味，真的非常好用	配合主播： (1) 现场试用产品：洗宝宝衣物。 (2) 展示泡沫。 (3) 展示洗过之后的围兜。 (4) 配合、回应主播	评论区互动、回答粉丝问题
2	活动介绍	介绍活动福利	今天我们"双十一"特价！直播间的福利是买一送一，1袋是500g大容量，1袋可以用半个月，两袋至少1个月以上，另外还送250g的1袋给到大家，相当于69.9元买了3袋回家！点击关注，加了粉丝团的宝妈们，我们再送1袋给你！那就是买一送四！给不给力？今天晚上让宝妈们买得开心，用得放心！	(1) 回应：给力。 (2) 回应主播、烘托气氛	评论区互动、回答粉丝问题，显示活动信息。
2	促单	引导下单	喜欢的宝妈们赶紧点击关注，加入粉丝团！不要错过这千载难逢的福利	拿出手机引导关注、加入粉丝团，引导下单	评论区互动、回答粉丝问题

表 6.3.8 "双十一"当晚整场直播脚本

直播主题	亲肤除菌，守护健康				
直播目标	涨粉 50 万人，销售额 80 万元				
播出时间	"双十一"当晚		播出时长	4 小时	
本场卖点	5 折特价、套餐优惠、关注有礼、整点抽奖				
分工	主播、助播、副播、场控、后台				
时间安排	内容	说明	主播	副播/助播	后台/客服	备注
20:00—20:05	热场交流	与粉丝寒暄+福利预告+留人	与粉丝互动+说明福利+点击关注	回答问题+新品展示	粉丝推送+粉丝互动	整点抽奖+点赞数达到××抽出惊喜好礼
20:05—20:10	品牌宣传	介绍品牌理念、价值	主播介绍好宝宝洗涤品牌理念	回应主播，烘托氛围	粉丝互动+品牌理念	
20:10—20:30	好宝宝天然亲肤洗衣液	产品卖点介绍：椰子油精华、敏感肌适用、天然定向酵素、无色素配方	产品讲解（引流款话术）+秒杀	产品细节讲解补充+展示	回复后台客户问题+产品维护	看人气值，拉人气
20:30—21:35	第一轮抽奖	缓解疲劳+刺激活动+促进留存	抽奖规则：关注店铺，且口令没有错别字，主播不定时截图 口令抽奖："好宝宝，好产品"+截图	公布中奖名单+兑奖方式+引导关注	备注中奖粉丝信息	回复粉丝问题+告知清楚兑奖方式、规则
20:35—21:00	智净浓缩+机洗露礼盒	产品卖点介绍：浓缩+认证除螨除菌、防串色因子、复合酶技术	产品讲解（利润款话术）+秒杀	产品细节讲解补充+展示	回复后台客户问题+产品维护	注意回复问题+下单指导
21:00—21:05	第二轮抽奖	缓解疲劳+刺激活动+促进留存	抽奖规则：关注店铺，且口令没有错别字，主播不定时截图 口令抽奖："好宝宝，好产品"+截图	公布中奖名单+兑奖方式+引导关注	备注中奖粉丝信息	回复粉丝问题+清楚告知兑奖方式、规则
21:05—21:15	好宝宝天然亲肤洗衣液	产品卖点介绍：椰子油精华、敏感肌适用、天然定向酵素、无色素配方	产品讲解（引流款话术）+秒杀	产品细节讲解补充+展示	回复后台客户问题+产品维护	看人气值，拉人气

续表

时间	环节	产品卖点	主播话术	助播话术	中控	客服
21:15—21:30	好宝宝餐具净	产品卖点介绍：APG 欧盟有机认证、食品用配方、果蔬也能安心洗、除菌率达 99.9%、塑料餐具有效去油	产品讲解（利润款话术）＋秒杀	产品细节讲解补充＋展示	回复后台客户问题＋产品维护	注意回复问题＋下单指导
21:30—21:35	第三轮抽奖	缓解疲劳＋刺激活动＋促进留存	抽奖规则：关注店铺，且口令没有错别字，主播不定时截图口令抽奖："好宝宝，好产品"＋截图	公布中奖名单＋兑奖方式＋引导关注	备注中奖粉丝信息	回复粉丝问题＋清楚告知兑奖方式、规则
21:35—22:00	亲肤皂粉	产品卖点介绍：国家专利技术，添加亲肤加酶粒子，深入纤维去渍，有效去除宝宝衣物的奶渍及食物残渍，植物性洗涤成分，天然亲肤无刺激	产品讲解（利润款话术）＋秒杀	产品细节讲解补充＋展示	回复后台客户问题＋产品维护	注意回复问题＋下单指导
22:00—22:05	第四轮抽奖	缓解疲劳＋刺激活动＋促进留存	抽奖规则：关注店铺，且口令没有错别字，主播不定时截图口令抽奖："好宝宝，好产品"＋截图	公布中奖名单＋兑奖方式＋引导关注	备注中奖粉丝信息	回复粉丝问题＋清楚告知兑奖方式、规则
22:05—22:30	三除液	产品卖点：1 瓶 3 效＝洗衣液＋除菌剂＋增香珠	产品讲解（战略款话术）＋秒杀	产品细节讲解补充＋展示	回复后台客户问题＋产品维护	注意回复问题＋下单指导
22:30—22:35	第五轮抽奖	缓解疲劳＋刺激活动＋促进留存	抽奖规则：关注店铺，且口令没有错别字，主播不定时截图口令抽奖："好宝宝，好产品"＋截图	公布中奖名单＋兑奖方式＋引导关注	备注中奖粉丝信息	回复粉丝问题＋清楚告知兑奖方式、规则

22：35—23：00	智净浓缩+机洗露礼盒+餐具净	产品卖点介绍	产品讲解+秒杀	产品细节讲解补充+展示	回复后台客户问题+产品维护	注意回复问题+下单指导
23：00—23：05	第六轮抽奖	缓解疲劳+刺激活动+促进留存	抽奖规则：关注店铺、且口令没有错别字、主播不定时截图口令抽奖："好宝宝，好产品"+截图	公布中奖名单+兑奖方式+引导关注	备注中奖粉丝信息	回复粉丝问题+清楚告知兑奖方式、规则
23：05—23：30	皂粉+三除液	产品卖点介绍	产品讲解+秒杀	产品细节讲解补充+展示	回复后台客户问题+产品维护	注意回复问题+下单指导
23：30—23：35	第七轮抽奖	缓解疲劳+刺激活动+促进留存	抽奖规则：关注店铺、且口令没有错别字、主播不定时截图口令抽奖："好宝宝，好产品"+截图	公布中奖名单+兑奖方式+引导关注	备注中奖粉丝信息	回复粉丝问题+清楚告知兑奖方式、规则
23：35—24：00	5种产品过款	产品卖点介绍	产品讲解+秒杀	产品细节讲解补充+展示	回复后台客户问题+产品维护	注意回复问题+下单指导
24：00—24：05	第八轮抽奖	缓解疲劳+刺激活动+促进留存	抽奖规则：关注店铺，且口令没有错别字、主播不定时截图口令抽奖："好宝宝，好产品"+截图	公布中奖名单+兑奖方式+引导关注	备注中奖粉丝信息	回复粉丝问题+清楚告知兑奖方式、规则
24：05—24：10	结束	预告下场直播	与粉丝互动+说明下场直播福利	引导关注	弹幕直播预告时间+福利	注意回复问题

同步实训

一加电器店上新一款手持小风扇，计划在抖音平台直播，时间为20：00—21：00。请为本产品撰写单场直播脚本，完成表格的填写。手持小风扇的产品信息见表6.3.9，手持小风扇单场直播脚本见表6.3.10。

表 6.3.9　手持小风扇产品信息

材质	塑料	是否支持摇头	否	
制冷方式	风冷	充满电使用时长	5 小时	
放置方式	手持式	控制方式	机械旋钮	
颜色	可爱粉、墨绿色、简约白	定价	19.9 元	

表 6.3.10　手持小风扇单场直播脚本

直播主题	
单品播出时长	
直播目的	
分工	

时长	内容	主播	话术	副播/助播	后台/客服

项目考核 🛒

五月水果节,助"荔"乡村振兴

1.考核目的

结合公司实际情况,根据所学知识,为本次活动策划直播方案、撰写直播脚本。

2.考核准备

(1)组队:以小组为单位,4~6人一组,并选出一名组长,分配好组员的工作。

(2)用具:根据脚本需求准备。

3.考核任务

一加水果店参加某直播平台五月水果节活动,公司与增城荔枝种植农户达成合作,以荔枝作为主推产品,助力乡村振兴,同时带动店铺流量,促进店铺销售。请为本次直播活动撰写直播预告文案,为直播账号进行大促前的宣传引流,撰写大促期间的直播脚本。

4.任务步骤

(1)了解客户需求,明确直播活动目的。

(2)产品有哪些卖点?

(3)竞争对手的产品有哪些卖点?

(4)目标人群是哪些?

(5)制订直播策划案。

(6)撰写直播预告文案。

(7)撰写直播脚本。

5.任务实施

第一步:制订直播策划案。

一加水果店直播策划案

步　骤	内　容
一、明确直播目的	
二、分析自身产品、竞争对手产品、目标人群	
三、确定直播主题	
四、确定直播时间	
五、明确直播流程	

第二步：撰写直播预告文案。

序号	直播预告文案
1	
2	
3	
4	
5	

第三步：撰写整场直播脚本。

直播主题							
直播目标							
播出时间			播出时长				
本场卖点							
分工							
时间安排	内容	说明	主播		副播 / 助播	后台 / 客服	备注

6.考核评价

评价指标	分数	评价说明	自我评价	小组评价	教师评价
作品评价（50分）					
明确直播目的	5分	目的明确，可实现、可评测			
分析目标人群	5分	明确目标人群的喜好、主流需求			
确定直播主题	5分	主题鲜明富有特点、具有吸引力			
确定直播时间	5分	时段安排合理			
确定直播流程	5分	流程清晰明了、可实施可操作可评测			
撰写直播预告文案	10分	表述清晰，语言生动丰富、具有吸引力			
撰写直播脚本	15分	思路清晰、表达准确、卖点提炼精准、节奏安排合理、福利活动有吸引力、可操作、语言富有感染力			
完成态度（30分）					
职业技能	10分	符合工作需求，能够拓展相关知识，并通过新颖独特的形式加以展示			
工作心态	10分	有信心，努力做好工作，能完成工作			
完成效率	10分	在规定时间内按质按量地完成分配的任务			
团队合作（20分）					
沟通分析	10分	主动提问，快捷有效地明确任务需求			
团队配合	10分	快速地与团队成员合作完成任务			
计分					
总分（按自我评价30%，小组评价30%，教师评价40%计算）					

参考文献

[1] 章萍,成淼,廖敏慧.电子商务文案策划与写作:软文营销 内容营销 创意文案(慕课版)[M].3 版.北京:人民邮电出版社,2023.

[2] 直播商学院.直播文案策划与编写从入门到精通[M].北京:化学工业出版社,2021.

[3] 王小亦.短视频文案:创意策划、写作技巧和视觉优化[M].北京:化学工业出版社,2021.

[4] 马志峰,刘义龙.新媒体文案策划与写作:微课版[M].2 版.北京:人民邮电出版社,2023.